Bibliografische Information der Deutschen Nationalbibliothek:

Die Deutsche Nationalbibliothek verzeichnet diese Publikation in der Deutschen Nationalbibliografie; detaillierte bibliografische Daten sind im Internet über http://dnb.d-nb.de abrufbar.

Impressum:

Copyright © 2015 ScienceFactory

Ein Imprint der GRIN Verlags GmbH

Druck und Bindung: Books on Demand GmbH, Norderstedt, Germany

Coverbild: Jean Broc [Public domain], via Wikimedia Commons

Ist gleichgeschlechtliche Liebe Sünde?

Christliche Kirchen und ihr Umgang mit Homosexuellen

Inhaltsverzeichnis

„Können Christen in einer gleichgeschlechtlichen Lebenspartnerschaft leben?"
von Markus Kreißl, 2009 7

    Theologische Sichtung anhand von Leitdifferenzen und unter Einbeziehung von Aussagen der EKD, der ev. luth. Landeskirche Sachsens, der LUST und der VELKD zur Frage „Können Christen in einer gleichgeschlechtlichen Lebenspartnerschaft leben" 8

    Conclusio: „Ist gleichgeschlechtliche Lebenspartnerschaft biblisch oder unbiblisch?" 18

    Weitere Stellen der Bibel um Erotik und sexueller sowie homosexueller Lebensbeschreibung ohne besonderer Bewertung der Handlungen 20

    Conclusio finalis 29

    Anlagen Email-Texte und Material verschiedener Institutionen 30

„Homosexualität in der Literatur katholischer Moraltheologen"
von Lisa Brand, 2009 35

    Die Haltung der katholischen Kirche zur Homosexualität 36

    Stellungnahmen in aktueller Literatur 37

    Der Artikel „Homosexualität" im Lexikon für Theologie und Kirche 44

    Der besondere Beitrag von Martin Steinhäuser 50

    Literaturverzeichnis 52

„Chancengleichheit? – Über den Umgang mit homosexuellen Beschäftigten in Einrichtungen der katholischen Kirche"
von Jana Nitezki, 2011 53

    Abkürzungsverzeichnis 54

    Einleitung 55

    Grundlagen & Rechtliches: Der Arbeitgeber katholische Kirche 58

    Der Begriff „Homosexualität" 63

    Die Einstellung der katholischen Kirche zum Thema *Homosexualität* 66

    Staat und Kirche 70

Die Caritas als Arbeitgeber 74

Fallbeispiele: Beispiele für den Umgang der katholischen Kirche mit Loyalitätsverstößen 79

Schutz vor Diskriminierung 87

Zur Diskriminierung Homosexueller am Arbeitsplatz 89

Erfahrungsberichte zum Thema Homosexualität und Kirche 93

Zusammenfassung & Ausblick 99

Literatur 105

Anhang 110

„HOMOSEXUALITÄT als Herausforderung an die neutestamentliche Gemeinde" von Sascha Schmuck, 2007 113

Einleitung 114

Begriffsdefinition 115

Zur Entstehung homosexueller Gefühle 119

Exkurs: Homosexualität und Gesundheit 131

Exkurs: Homosexualität in der Bibel 132

Stellungnahme der beiden großen Kirchen zur Homosexualität 138

Die Schwule Theologie 143

Umfrageergebnisse 146

Homosexualität und Seelsorge 150

Die Verantwortung der neutestamentlichen Gemeinde 161

Abschließende Worte 162

Literaturverzeichnis 163

Anhang 169

Einzelbände 183

„Können Christen in einer gleichgeschlechtlichen Lebenspartnerschaft leben?"

von Markus Kreißl, 2009

Theologische Sichtung anhand von Leitdifferenzen und unter Einbeziehung von Aussagen der EKD, der ev. luth. Landeskirche Sachsens, der LUST und der VELKD zur Frage „Können Christen in einer gleichgeschlechtlichen Lebenspartnerschaft leben"

Innerhalb dieses Kapitels soll anhand dreier so genannter Leitdifferenzen systematisch theologisch beurteilt werden, ob Christen eine gleichgeschlechtliche Lebenspartnerschaft eingehen können. Oder ob eine solche Lebenseinstellung als unchristlich angesehen werden darf.

Ausschlaggebend für die Beurteilung ist die kategorieartige Deklaration, ob eine gleichgeschlechtliche Lebenspartnerschaft evangelisch bzw. unevangelisch, oder biblisch bzw. unbiblisch, oder eben christusgemäß bzw. nicht christusgemäß ist.

Derartige Leitdifferenzen berühren und lenken das Leben eines Christen – sie dienen als normative Vorgabe und Orientierung in Glaubens- sowie Lebensfragen. Aus diesem Grunde dürfen, gar müssen sie in diese Betrachtung mit einbezogen werden. Letztlich beschreiben sie christliches Leben, welches mit der Frage nach gleichgeschlechtlicher Lebenspartnerschaft berührt wird.

Eine Reihenfolge oder Priorisierung der drei Leitdifferenzen soll erst im Laufe des Kapitels, insbesondere in einer Conclusio Betonung stattfinden. Demzufolge möchte ich mit einer biblischen Systematisierung beginnen.

Biblische Leitdifferenz

Wie bereits deutlich geworden ist und aus den noch nachfolgenden Beispielen ersichtlich werden wird, ist der Umgang mit homosexuellen Prägungen zu einer besonderen Herausforderung geworden. Dabei soll die Deklaration meinerseits als „besondere Herausforderung" nicht im Sinne einer Wertung verstanden werden, sondern vielmehr als gesellschaftliche Wandelungserscheinung. („Coming Out", volle Akzeptanz, Sympathie bis hin zu verstärkter Intoleranz). Viele Homosexuelle und Lesben erwarten eben, dass die Gesellschaft und/oder Kirche ihre Lebensform akzeptiert. Auch wenn einige Wenige das vielleicht hinter dem „Schleier" der Aussage „Was andere denken ist mir/uns egal." tun. Denn letztendlich gehen auch sie mit ihren Aussagen an die Öffentlichkeit, um Akzeptanz zu bewirken.

Homosexuelle und Lesben möchten sich zu ihrer Sexualität bekennen und auch in festen Partnerschaften leben.

Nun stehen Christen vor besonderen Herausforderungen im Umgang mit solchen Lebenspartnerschaften. Insbesondere wenn der Zugang zur Beurteilung anhand biblischer Texte gesucht wird. Zu diesem Zweck möchte ich zu Beginn einige Stellen aus dem Alten Testament zu Rate ziehen. Zum Großteil werden diese Stellen, wie festzuhalten ist, recht naiv ausgelegt und in die Rubrik „Bibel und Homos" gepresst. Dabei sind viele Stellen viel differenzierter zu betrachten. Ich möchte versuchen Struktur in die Thematik zu bringen, indem ich sowohl eisegetische, exegetische, geschichtliche als auch situationsethische Ansätze in die Betrachtung einbeziehe.

Nun ein paar exegetische Gedanken.

Ob die Homosexualität als Lebensform so vom Schöpfer vorgesehen ist, sollte aus biblischer Sicht anhand Genesis 1, 27-28 zu erkennen sein:

> „Gott schuf den Menschen in seinem Bilde, zum Bild Gottes schuf er ihn; und schuf sie als Mann und Frau. Und Gott segnete sie; und Gott sprach zu ihnen: Seid fruchtbar und mehret euch und füllt die Erde..." [1]

Daraus ergibt sich logisch:

erste Prämisse Gott schuf uns als Mann und Frau damit wir fruchtbar sind und uns mehren.

zweite Prämisse Der Mensch mehrt sich anatomisch nur als Mann und Frau

dieserhalben folgt die

Conclusio Nur Partnerschaften zwischen Mann und Frau sind von Gott vorgesehen.

Genesis 2, 18:

> „Und Gott der Herr sprach: Es ist nicht gut, dass der Mensch alleine sei; ich will ihm eine Gehilfin machen, die ihm entspricht." [2]

---

[1] Genesis 1, 27-28; Stuttgarter Erklärungsbibel; 2005 deutsche Bibelgesellschaft; Lutherübersetzung

[2] Genesis 2, 18; Stuttgarter Erklärungsbibel; 2005 deutsche Bibelgesellschaft; Lutherübersetzung

Gott hätte problemlos noch einen zweiten Mann schaffen können. Doch er spricht ganz klar von einer „Gehilfin". Jetzt könnte manch einer hervorbringen, dass auch die Tiere für dem Menschen eine Hilfe darstellen linguistisch gesehen auch eine Gehilfin sind (vgl. Vers 20). Doch diese Darstellung kann klar widerlegt werden denn weiter heißt es in Vers 20:

> „Aber für den Menschen ward keine Gehilfin gefunden…(unter den Tieren)…"

Gott spricht aber deutlich von einer „Gehilfin", einem ergänzenden Gegenstück zum Mann.

Dass die Gemeinschaft von Mensch zu Mensch in einer besonderen Einzigartigkeit hervortritt und es sich eben um eine Frau handeln muss, wird in anderen Übersetzungen dieser alttestamentlichen Stelle noch besonders hervorgehoben. So zum Beispiel eine Stelle in der Guten Nachricht, Hoffnung für Alle. Dort heißt es:

> „die zu ihm passt"

Die Idee, dass der Mann nicht allein perfekt ist und Gott Mann und Frau bewusst unterschiedlich geschaffen hat, damit sich beide gegenseitig ergänzen, gibt uns zwar keine konkretisierte Aussage über Homosexualität, verdeutlicht aber die grundsätzliche Schöpfungsidee Gottes. Hier erkennt man deutlich, dass, wenn von Partnerschaft die Rede ist, immer eine zwischengeschlechtliche Beziehung zwischen Mann und Frau gemeint ist. Am Ende der Schöpfung sagt Gott:

> „Und siehe es war sehr gut"[3]

Er hat also nicht bereut, wie er es gemacht hat.

In späteren Stellen wird im Alten Testament die Ablehnung homosexueller Neigungen sogar in expliziter Nennung noch deutlicher. So zum Beispiel in Levitikus 18, 22. Dort wird über schwerwiegende Vergehen gegen Gottes Heiligkeit gesprochen.

---

[3] Genesis 1, 31; Stuttgarter Erklärungsbibel; 2005 deutsche Bibelgesellschaft; Lutherübersetzung

„Du sollst nicht bei einen Mann liegen wie bei einer Frau; es ist ein Gräuel."[4]

Danach folgt eine aus unserer heutigen Sicht absolut unhaltbare und drastische Forderung in Levitikus 20, 13:

„Wenn jemand bei einem Manne liegt wie bei einer Frau, so haben sie getan, was ein Gräuel ist, und sollen beide des Todes sterben"[5].

Diese Aussage möchte ich allerdings hier nicht so unreflektiert stehen lassen und vorgreifend doch eine kurze Stellung dazu abgeben. Im Alten Orient wurde die Homosexualität zwischen Männern unterschiedlich beurteilt. In manchen Kulturen galt sie als normale Form der Sexualität. Von solchen Praktiken heidnischer Völker möchte sich Israel allerdings als erwähltes Gottesvolk abgrenzen.

Weiterhin fließt in den nachfolgenden Betrachtungen auch ein eisegetischer Bezug ein.

Eine andere Stelle nicht direkt auf Homosexualität allein bezogen, aber auf transvestite Handlungen findet man in Deuteronomium 22, 5:

„Eine Frau soll nicht Männersachen tragen, und ein Mann soll nicht Frauenkleider anziehen; denn wer das tut, ist dem Herrn, deinem Gott, ein Greuel."[6]

In den nun folgenden Stellen, werden auf den ersten Blick homosexuelle Prägung / homosexuelles Leben aufs Schärfste verurteilt. Geschichtliche und gesellschaftliche Zusammenhänge sollen im Hauptbezugspunkt stehen. Dennoch sollen meinerseits auch einige apologetische Aspekte eingebracht werden, welche eine Deutung der Schrift zulassen. Es muss also nicht unbedingt von einer Verurteilung homosexueller Aussagen ausgegangen werden. In Genesis 19, 4-13 finden wir die Sodom-Erzählung in der von einer versuchten Vergewaltigung an (männlichen / Engeln) Gästen des Lot berichtet wird.

---

[4] Levitikus 18, 22; Stuttgarter Erklärungsbibel; 2005 deutsche Bibelgesellschaft; Lutherübersetzung

[5] Stuttgarter Erklärungsbibel; 2005 dt. Bibelgesellschaft; Lutherübersetzung; Erläuterung zu Levitikus 20, 13

[6] Deuteronomium 22, 5; Stuttgarter Erklärungsbibel; 2005 deutsche Bibelgesellschaft; Lutherübersetzung

Die Sünden Sodoms und Gomorras schreien zum Himmel, so dass Gott Boten (Engel) auf die Erde schickt, um die Gerichtsreife der beiden Städte zu prüfen (Genesis 18, 20). Diese beiden Engel werden von Lot überredet, seine Gastfreundschaft in Anspruch zu nehmen.

Die Engel kehren bei ihm ein. In der Nacht versammeln sich dann alle Bewohner Sodoms bei Lot und verlangen von ihm, seine Gäste herauszugeben, damit sie von ihnen „*erkannt*" werden könnten. In der Luther-Übersetzung fand ich den Ausspruch: „*…damit wir uns über sie hermachen.*"[7]

Im hebräischen Urtext ist allerdings der Ausdruck JADA zu finden, der zwar die Bedeutung hat den Geschlechtsverkehr zu praktizieren, allerdings gibt es auch eine andere Auffassung der Bedeutung, welche von Verfechtern einer liberalen Haltung gegenüber der Homosexualität gern angebracht wird.

Die Erzählung berichtet weiterhin, dass die Bewohner Sodoms Lots Gäste homosexuell missbrauchen wollten und Lot das verhindern will, indem er sogar bereit ist, mit Sodoms Einstellung zur Verderbtheit einen Kompromiss zu schließen und den Sodomiten seine beiden jungfräulichen Töchter als Ersatz für seine Gäste zu geben. Die Bewohner Sodoms wollen sich nun an Lot vergehen, jedoch retten ihn die beiden Engel. Sodom und Gomorra werden wegen ihrer zahlreichen Sünden von Gott vernichtet. Nur Lot und einige seiner Angehörigen werden errettet. Für viele Interpretationen spielt bei der Zerstörung Sodoms, als auslösender Faktor, die Homosexualität eine entscheidende Rolle.

Allerdings gibt es auch eine andere Auslegung, wie eingangs bereits erwähnt. Denn das Wort JADA hat ebenfalls die Bedeutung „kennen, kennen lernen". Nun kann man folgern, dass die Bewohner Sodoms keinen Gedanken daran gehabt hätten, Lots Gäste homosexuell zu missbrauchen. Sie wollten sie einfach „kennen lernen". Nach Meinung der Bewohner Sodoms hätten die Fremden ja durchaus feindselig sein können und nun hätten die Sodomitter überreagiert. Die Schuld der Bewohner Sodoms wird also allein im Bruch des Gastrechtes gesehen, welches heilig war.

Allerdings deckt dieses Gegenstück zur ersten Interpretation nicht alle Fakten ab. Einige mögliche Fragen dazu möchte ich an diese Stelle setzen.

---

[7] Genesis 19, 4-13; Stuttgarter Erklärungsbibel; 2005 deutsche Bibelgesellschaft; Lutherübersetzung

- Lots Töchter werden als Mädchen bezeichnet „*...die wissen von noch keinen Manne...*".[8] Der Ursprungstext gebraucht hier auch das Wort JADA und lässt auch keine andere Übersetzung des Textes zu. Folgert man logisch, so muss man zu den Schluss kommen, dass auch im vorangegangen Satz die Vulgata um das Wort JADA eindeutig mit seiner Bedeutung im Geschlechtsverkehr liegen muss.

- Warum sollte Lot die Sodomiter bitten, nichts Übles zu tun, wenn diese nur ganz harmlose Absichten hatten?

- Warum hatte Lot vor den Sodomiten Angst, wenn diese seine Gäste nur „kennen lernen" wollten?

- Lot bietet seine jungfräulichen Töchter für alles, was die Sodomiter mit ihnen tun wollen, ersatzweise an. Dieser Sachverhalt zeigt schon recht deutlich, dass es um etwas Schwerwiegendes, wie eben sexuelle Absichten gehen musste.

Bei manchem Leser wird jetzt vielleicht der Eindruck entstanden sein, Sodom und Gomorra wurden zerstört, weil dort homosexuelle Begierden geäußert wurden. Doch sei hier klar und deutlich gesagt, dass dies nicht der einzige Grund war. Denn das Alte Testament gibt uns noch viele Stellen, in denen die Vielzahl der Sünden, welche „... zum Himmel schreien ...", genannt werden. So zum Beispiel in Genesis 18 in Abrahams Fürbitten für Sodom:

„Und der Herr sprach: Es ist ein großes Geschrei über Sodom und Gomorra, das ihre Sünden sehr schwer sind."[9]

Diese Sünden wiegen schwer in ihrer bei Gott verursachten Schuld. Das lässt sich auch daran erkennen, dass der Fall von Sodom und Gomorra immer wieder aufgegriffen wird. Wenn es zum Beispiel um die Sünden Ehebruch und Betrug geht, so wird man im Buch des Propheten Jeremia fündig. Dort wird in Kapitel 23 Vers 14 Jerusalems Gesellschaft aufs Schärfste verurteilt und Sodom gleichgestellt:

---

[8] Genesis 19, 6; Stuttgarter Erklärungsbibel; 2005 deutsche Bibelgesellschaft; Lutherübersetzung

[9] Genesis 18, 20; Stuttgarter Erklärungsbibel; 2005 deutsche Bibelgesellschaft; Lutherübersetzung

„Aber bei den Propheten Jerusalems sah ich grauenhafte Dinge: Sie brechen die Ehe, gehen mit Lügen um und bestärken die Bösen, sodass keiner umkehrt von seinem bösen Treiben. Für mich sind alle wie Sodom, Jerusalems Einwohner sind für mich wie Gomorra".[10]

Geht es um Hochmut und Habgier werden wir im Buch des Propheten Hesekiel 16 fündig. Dabei ist der Bezug zu Sodom in Vers 46 zu finden, hier dient es als Vergleichsgröße.

Weiterhin ist der Bezug zu Sodom und Gomorra im Falle von Heuchelei und sozialer Ungerechtigkeit bei Jesaja 1, 9 zu finden:

„Hätte uns der Herr Zebaoth nicht einen geringen Rest übrig gelassen, so wären wir wie Sodom und gleich wie Gomorra."[11]

Mit diesem Exkurs in die Prophetischen Bücher des Alten Testaments sollte noch einmal deutlich werden, wie Sodom und Gomorra eine Vielzahl der Sünden beherbergten. Dennoch ist in Genesis 19 die Homosexualität als letzte auslösende Ursache für Gottes Gericht über Sodom und Gomorra anzusehen. Was nicht heißen soll, dass Homosexualität schwerer wiegt als andere Sünden.

Vielen wird der *Noahbund* ein Begriff sein. Gott schließt nach der Sintflut mit Noah einen neuen Bund. Ein Neuanfang ist gemacht, es tritt aber ein Ereignis ein, das auf den ersten Blick keine homosexuelle Komponente enthält. Der Text ist also nicht so deutlich wie Genesis 19. Es gibt einen Ansatz; zusätzlich muss noch eine weitere Quelle, das Buch des Propheten Habakuk, zu Rate gezogen werden.

Eingangs ein Abriss des geschichtlichen Verlaufs: Nach dem Neuanfang kommt es erneut zu einem Sündenfall, denn Noah errichtet einen Weinberg. Die Folgen treten augenblicklich ein, Noah liegt völlig nackt und volltrunken in seinem Zelt. Sein Sohn Ham sieht dies und erzählt es seinen Brüdern. Diese treten ihrem Vater respektvoller gegenüber. Um ihn nicht zu beschämen, nähern sie sich ihm mit abgewandtem Gesicht und bedecken seine Blöße. Noah segnet seine Söhne Sem und Japhet und deren Nachkommen. Die Nachkommen Hams werden hingegen wegen respektlosen Verhaltens verflucht.

---

[10] Jeremia 23, 14; Stuttgarter Erklärungsbibel; 2005 deutsche Bibelgesellschaft; Lutherübersetzung

[11] Jesaja 1, 9; Stuttgarter Erklärungsbibel; 2005 deutsche Bibelgesellschaft; Lutherübersetzung

Oben habe ich den Propheten Habakuk erwähnt, um eine Verbindung dieser Stelle mit der Homosexualität herzustellen. Im Buch Habakuk Kapitel 2, 15 scheint auf das Geschehen in Genesis 9 angespielt zu werden.

„Wehe dem, der seinen Nächsten aus Schalen und Schläuchen trinken lässt und ihn dadurch trunken macht, damit er seine Blöße sehe".[12]

Daher äußere ich die eisegetische nahe Vermutung, dass die Schande Hams darin liegt, sich am gleichgeschlechtlichen Körper lustvoll zu ergötzen. Zum Ergötzen ist nichts im Text bei Genesis 9 zu finden. Aber diese Behauptung könnte mit dem Faktum *Kanaan* untermauert werden. Denn Ham ist der Stammvater der Kanaaniter, der Ureinwohner Palästinas. Die Kanaaniter vollführten pervertierte sexuelle Praktiken, zum Teil sogar bei der Götzenverehrung.

Zur Verteidigung sei aber gesagt, dass die klassischen Kulturen Griechenlands und Roms der Homosexualität gegenüber sehr tolerant eingestellt waren. Platon erwähnt beispielsweise in seinem Symposium von einem Bankett einen Redner, der die Aufmerksamkeit Sokrates' auf die „schönen Jungen und jungen Männer" lenkt. Platon schreibt über die Steigerungen der Liebe. Darin hält er fest, dass die Liebe zwischen Männern als höher stehend, als die Liebe zwischen Mann und Frau anzusehen ist (siehe Platon, Symposion).[13] Diese Einstellung war in der griechischen Zivilisation weit verbreitet.

Paulus schreibt den ersten Brief an die Römer unter anderem als Weisung an die griechisch-römische Zivilisation, diese Praktiken zu unterlassen. Paulus schreibt, dass den Gründern dieser Zivilisation (als „nicht -Gottesvolk" im Gegensatz zu Jerusalem) nicht daran gelegen ist, Gott in ihre Erkenntnis mit einzubeziehen. Daraufhin hat ihnen Gott einen verkehrten Sinn gegeben. Dieser Sinn führt dazu, dass sie keine richtige Entscheidungen in Lebenssituationen treffen können (siehe Römer 1, 28).

Durch den Fluch gegen die Söhne Hams, also den Kanaanitern, lässt sich auch eine Verbindung zum bereits erwähnten Levitikus 18,22 und 20, 13 schaffen. Man könnte diese Zeilen auch als Kodex verstehen. Dieser beschreibt die Heiligkeit Gottes und die Forderung nach der Heiligkeit des Volkes Israel. Die Kanaaniter wurden wegen ihrer sexuellen Sünde aus ihrem Land ausgestoßen.

---

[12] Habakuk 2,14; Stuttgarter Erklärungsbibel; 2005 deutsche Bibelgesellschaft; Lutherübersetzung

[13] Platon, Symposion, hg. von Boll/Buchwald, München 1969, S. 83-111

Weiterhin stehen die Levitikus Stellen im Zusammenhang mit dem Gesetz zum Schutz von Ehr und Familie.

Als letzte alttestamentliche Bibelstelle soll nun noch das Buch der Richter angeführt werden. Konkret möchte ich Kapitel 19, 22 in die Betrachtung einbeziehen. Richter 19 handelt von der Sünde der Leute zu Gibea. Beim Lesen des Textes fällt eine starke Ähnlichkeit zum Bericht in Genesis 19 (Sodom) auf. Der Bericht kündet von einen Leviten und seiner Nebenfrau. Sie sind gezwungen in Gibea zu übernachten und dort das Gastrecht zu beanspruchen. Gibea ist eine jüdische Stadt. In Vers 22 tauchen nun „ruchlose Männer" auf, die auch hier verlangen, den Leviten homosexuell zu missbrauchen. Auch hier findet wieder das Wort JADA in der Vulgata seinen Ausdruck.

Der Gastgeber bietet den Benjaminiten, als Einwohner Gibeas, seine jungfräuliche Tochter und die Nebenfrau als Ersatz an. Schließlich übergibt der Levit der ruchlosen Meute die Nebenfrau, damit diese sie sexuell missbrauchen konnten. Besonders bemerkenswert ist hier: Das Gastrecht, welches auch für die Frau gilt, ist der Levit bereit zu brechen, nur um die Benjaminiten von homosexuellen Handlungen abzuhalten.

Wie bereits angeführt wird auch hier wieder das Wort JADA gebraucht, aber hier ist der Ansatz aus Genesis 19 (nur „Kennen lernen", nur Bruch im Gastrecht) sofort zu verwerfen. Denn die folgende Massenvergewaltigung der Nebenfrau zeigt eindeutig die sexuellen Motive der Leute auf. Weiterhin werden Adjektive wie „unrecht, schändlich, ruchlos" gebraucht, um das Verhalten der Leute zu deklarieren. Diese wären wohl viel zu hart, wenn es nur um einen Bruch des Gastrechts ginge.

Dass dieses Ereignis besonders bedeutsam ist und eben klar machen will, dass diese Stelle die homosexuellen Handlungen verurteilt, zeigt sich am folgenden Verlauf des Textes.

> „…Da legte er sie auf einen Esel, machte sich auf und zog an seinen Ort. Als er nun heimkam, nahm er ein Messer, fasste seine Nebenfrau und zerstückelte sie Glied für Glied und sandte sie in das ganze Gebiet Israels."[14]

---

[14] Richter 19, 28+29; Stuttgarter Erklärungsbibel; 2005 deutsche Bibelgesellschaft; Lutherübersetzung

Der Levit zerstückelt seine Frau wie ein Opfertier. Diese grausigen Handlungen werden als Sünde von Gibea im Buch des Propheten Hoseja 9, 9 – 10 aufgegriffen.

Aber auch im Neuen Testament findet man diverse Stellen zu dem Thema: So zum Beispiel im Brief des Paulus an die Römer Kapitel 1, 26-27 (Lutherbibel):

„[...] denn ihre Frauen haben den natürlichen Verkehr vertauscht mit dem widernatürlichen; desgleichen haben auch die Männer den natürlichen Verkehr mit der Frau verlassen und sind in Begierde zueinander entbrannt und haben Mann mit Mann Schande getrieben und den Lohn ihrer Verirrung, wie es ja sein musste, an sich selbst empfangen."

1. Korinther 6, 9 (Hoffnung für alle):

„Habt ihr vergessen, dass für Menschen, die Unrecht tun, in Gottes Reich kein Platz sein wird? Darauf könnt ihr euch verlassen: Keiner, der unzüchtig lebt, keiner, dem irgend etwas wichtiger ist als Gott, kein Ehebrecher, kein Mensch, der sich von seinen Begierden treiben lässt und homosexuell verkehrt, wird einen Platz in Gottes Reich haben."

1. Timotheus 1, 10 (Gute Nachricht):

„Wir dürfen nämlich eines nicht vergessen: Das Gesetz ist nicht für Menschen da, die tun was Gott will, sondern für solche, die sich um Recht und Ordnung nicht kümmern. Es ist für Sünder bestimmt, die Gott und seine Gebote verachten, für Leute, die Vater und Mutter töten, Mord und Unzucht begehen und als Männer mit Knaben oder ihresgleichen verkehren, für Menschenhändler und solche, die lügen und falsche Eide schwören oder sonst etwas tun, was im Widerspruch zur gesunden Lehre steht."

Auch hier gibt es eigentlich keinen Zweifel daran, dass Homosexualität ganz klar nicht im Willen Gottes ist, es wird hier in einem Atemzug mit diversen anderen Sünden genannt.

Conclusio: „Ist gleichgeschlechtliche Lebenspartnerschaft biblisch oder unbiblisch?"

Nun haben wir anhand vieler Stellen erfahren können, dass Homosexualität nicht sehr positiv bewertet wird, dennoch ist die Thematik – wie ich glaube – differenzierter zu erfassen. Um eben nicht in rein biblischem Fundamentalismus zu enden und das Ziel der Wahrheit aus den Augen zu verlieren. Wir dürfen nicht vergessen, dass die Verfasser der biblischen Texte immer auch Kinder ihrer Zeit waren. Um zur Conclusio zu kommen möchte ich kurz anhand zweier Ansätze, Stellung zu den biblischen Aussagen nehmen.

Der situationsethische Ansatz

Das Gegenmodell zur Situationsethik stellt die Ordnungsethik dar. Ordnungsethik nimmt die biblischen Gebote zum Maßstab um zu beurteilen, was richtig oder falsch ist. Findet hingegen die Situationsethik Anwendung, stehen nicht mehr nur starr die Gebote im Mittelpunkt. Nichts was aus Liebe zu Gott und zu dem Nächsten geschieht, kann nach diesem Ansatz falsch sein. Die Liebe steht moralisch gesehen sozusagen über den Geboten. Dazu kann man begründend Matthäus 22, 40 heranziehen. In der dort beschriebenen Erzählung will ein Schriftgelehrter mit seiner Frage Jesus Gesetzestreue auf die Probe stellen. Jesus stellt dort aber die Liebe als Gesetzeserfüllung dar. Gleiches wird von Paulus in den Brief an die Römer in Kapitel 13, 10 aufgegriffen.

So wird in der Situationsethik die **Liebe zum endgültigen Maßstab**. Das Bild eines strafenden Gottes wird durch die Liebe verändert. Die Liebe findet in den Evangelien durch Jesu so ihre besondere Bedeutung. Explizit ist aber zu sagen, dass dies keine Aufhebung von Gottes Geboten darstellt.

Weiter könnte man aber nun den Schluss verfolgen da ja geschrieben steht

„Die Liebe tut den Nächsten nichts Böses"

und

„So ist nun die Liebe des Gesetzes Erfüllung"[15]

---

[15] Stuttgarter Erklärungsbibel; Neues Testament; Der Brief des Paulus an die Römer 13, 10

dass in Liebe und Treue **gelebte Homosexualität keine Sündhaftigkeit ist**, egal wie die biblischen Gebote auch lauten mögen.

Schwachpunkte daran sind aber:

- Liebe braucht als Richtlinie das Gesetz. Niemand kann die Liebe zwischen zwei Menschen über das Recht stellen, welches gesellschaftliches Leben beschreibt. Dieses Faktum würde eben bedeuten, dass sich Liebende über andere Menschen erheben dürfen.
- Liebe ist nicht der endgültige Maßstab. Zum Beispiel darf niemand berechtigt sein, aufgrund der Güte seiner Liebe zu einer anderen Person, den eigenen Ehebund zu brechen und somit den Partner tief zu verletzen. Ein weiteres wenn auch überspitztes Beispiel: Es darf nicht sein, dass ein Mensch einen anderen, aufgrund seiner – auch hochwertigen Liebe für den Partner – tötet. Daraus wird wohl deutlich, dass die Güte einer Liebe nicht der Maßstab sein kann, anhand dessen beurteilt wird, was falsch oder richtig ist.
- Wer will beweisen, dass die Liebesgüte einer homosexuellen Beziehung ausreichend groß ist um diese vor Gott zu rechtfertigen.

Der exegetische Ansatz

Dieser Ansatz ist bei weitem ernster zu nehmen, als der eben erwähnte. Er verschweigt nicht, dass mehrere Bibelstellen eindeutig die Homosexualität ablehnen und setzt sich mit ihnen auseinander. Bestimmte Bibelstellen werden hierbei aber außer Kraft gesetzt. Dieser Ansatz nennt den Grund für die Ablehnung der Homosexualität in kultischen Gegebenheiten. Heidnische Völker im Lande Israel betreiben zur Zeit des AT auch homosexuelle Handlungen innerhalb kultischer Götzenanbetung. In exegetischer Sicht ist man also der Meinung, dass die **Homosexuellen Verbote als gewollte Abgrenzungserscheinung gegenüber heidnischen Völkern** zu sehen seien. Die biblischen Verbote **beziehen sich also auf den heidnischen Tempelkult**. Daraus folgt, dass **nicht die Homosexualität per se verboten ist, sondern die Teilnahme an heidnischen Kult der diese bedingt**. Die Verbote dienen also nur zur Reinhaltung der Beziehung mit Gott und beziehen sich nicht auf das Leben der Einzelnen.

Diese Punkte scheinen alle recht „schwulenfreundlich" und das sind sie auch. Gerade deshalb habe ich sie mit Absicht in dieser Arbeit festgehalten. Es gibt viele gewichtige Punkte, die gegen die Homosexualität als göttlich gewollt sprechen (siehe biblische Leitdifferenzen). Wir dürfen aber nicht in biblischen Fundamentalismus verfallen und den Gesamtkontext der Schrift zu verlieren. Menschen, Einstellungen und Trends ändern sich. Die Toleranz und Aufgeschlossenheit gegenüber Homosexuellen ändert sich ebenso.

Doch etwas ist stetig und ändert sich nicht. Wir müssen wahrhaben, dass sich Gott nicht verändert und an irgendwelchen Trends anpasst. Wenn Gott **Homosexualität** damals als nicht gut empfand, hat sich daran auch heute nichts geändert. Doch wir sind frei. Jeder kann seine präferierte Sexualität auszuleben. Es wäre eben falsch zu behaupten, es ist in Ordnung vor Gott, ein homosexueller Christ zu sein. Nein es ist **Sünde**, das sollte uns schon klar sein. Doch wir müssen im gleichen Atemzug verstehen, dass diese Sünde keine schwerwiegendere Sünde ist, als eine andere. Homosexuelle sollten niemals von Christen verurteilt werden – das ist falsch! Gott gab uns die Wichtigkeit des Gebotes der **Nächstenliebe** zu erkennen. **Jesus ist dafür gestorben.**

Weitere Stellen der Bibel um Erotik und sexueller sowie homosexueller Lebensbeschreibung ohne besonderer Bewertung der Handlungen

Nachfolgende ergänzende Stellen sollen noch einmal verdeutlichen, dass Homosexualität in der Bibel nicht ungewöhnlich ist und auch unterschiedlich gedeutet werden kann. Aber dennoch auch einer Wandlung unterliegt. Nichtsdestotrotz bieten die Texte Anregung, um auch einmal mit anderen Augen zu lesen.

- Das Hohelied der Liebe: Dort findet sich viel Erotik, aber eindeutig die Erotik zwischen Mann und Frau.
- „Sexuelle Minderheit" in der Bibel: Eunuchen, Entmannte

Die „Verschnittenen" (Luther-Übersetzung), die nicht zur Zeugung von Nachkommen fähig sind, im Alten Testament: (Widerspruch → Wandel):

„Kein Entmannter oder Verschnittener soll in die Gemeinde des HERRN kommen"[16]

„Denn so spricht der HERR: Den Verschnittenen, die meine Sabbate halten und erwählen, was mir wohlgefällt, und an meinem Bund festhalten, denen will ich in meinem Hause und in meinen Mauern ein Denkmal und einen Namen geben; der besser ist als Söhne und Töchter. Einen ewigen Namen will ich ihnen geben, der nicht vergehen soll."[17]

- Liebe zwischen Männern: David und Jonathan

Die Freundschaft, ja Liebe zwischen David und Jonathan, ist vielen bekannt. Sehr bekannt ist die Klage Davids über Jonathans Tod:

„Es ist mir leid um dich, mein Bruder Jonatan, ich habe große Freude und Wonne an dir gehabt; deine Liebe ist mir wundersamer gewesen, als Frauenliebe ist." [18]

- Erotik zwischen Männern: breit ausgemalten Einzelheiten aus der Freundschaft zwischen David und Jonathan *„... er hatte ihn so lieb wie sein eigenes Herz"*, Verabredung auf dem Feld weisen in der Tat auf eine erotische Komponente[19]

- Liebe zwischen Frauen: Ruth und Naemi

„Wo du hingehst, da will auch ich hingehen"[20]

Der Text erzählt die Rollen der beiden Frauen Naemi (Schwiegermutter) und Ruth (Schwiegertochter). Im Kapitel 2-4 wird geschildert, wie Ruth einen Mann (Boas, ein entfernter Verwandter der Naemi) kennen und schätzen lernt.

---

[16] 5. Mose 23, 2; Stuttgarter Erklärungsbibel; 2005 deutsche Bibelgesellschaft; Lutherübersetzung

[17] Jes. 56, 4-5; Stuttgarter Erklärungsbibel; 2005 deutsche Bibelgesellschaft; Lutherübersetzung

[18] 2. Samuel 1,26; Stuttgarter Erklärungsbibel; 2005 deutsche Bibelgesellschaft; Lutherübersetzung

[19] 1. Samuel 20, vor allem V. 17; Stuttgarter Erklärungsbibel; 2005 deutsche Bibelgesellschaft; Lutherübersetzung

[20] Ruth 1, 16-17; Stuttgarter Erklärungsbibel; 2005 deutsche Bibelgesellschaft; Lutherübersetzung

Das, was Boas an Ruth so bewundernswert findet, ist ihre Treue und Zuneigung zu Naemi.

Christusgemäß?

Bei der Ermittlung, ob eine gleichgeschlechtliche Partnerschaft christusgemäß ist, so gibt es mehrere Teilbereiche des Christusgemäßen, welche auch Gefahren für die Systematische Interpretation beherbergen.

Um die Interpretation des Christusgemäßen zu vervollständigen, werde ich versuchen, alle vier Christusbilder, also das *biblische*, das *historische*, das der *Kirche* und mein *Eigenes* aufzuführen. Begründet wird diese Notwendigkeit an 4 Punkten aus dem methodischen Leitfaden zur systematischen Theologie und Religionsphilosophie von Herrn Prof. Dr. Martin Leiner aufgeführt werden:

- Ermittelt man die Christlichkeit einer Aussage durch Vergleich mit den biblischen Aussagen über Christus, so wird Christus letztlich doch wieder einem Teil der Schrift untergeordnet. Man kann diese Position als Biblizismus bezeichnen

- Unterstellt man die Bestimmung des Christlichen allein den hypothetischen Rekonstruktionen des historischen Jesus so entsteht durch die Unsicherheit und Wandelbarkeit des historisch-kritischen Jesusbildes leicht ein Relativismus

- Beurteilt man die Christlichkeit einer Aussage vom kirchlichen Christusbild aus, dann unterstellt man Christus doch wieder der Kirche, deren kritisches Gegenüber er doch sein sollte. Die Gefahr eines kirchlichen Triumphalismus ist bei dieser Sicht immer gegeben.

- Beurteilt man theologische Positionen allein von seinem eigenen Christusbild aus, dann entsteht leicht Subjektivismus. [21]

Bei den Recherchen zum Thema „gleichgeschlechtliche Lebenspartnerschaften" stieß ich auf ein Buch vom Oldenburger Schriftsteller Klaus Dede. Zugegebenermaßen hielt mich der Buchtitel anfangs eher davon ab, dieses Werk näher ins Auge zu fassen. Dennoch musste ich nach weiteren Recherchen erkennen, dass das Thema des Titels „Jesus – schwul?" eine

---

[21] Methodischer Leitfaden Systematische Theologie und Religionsphilosophie; Prof. Dr. Martin Leiner; 2008; Vandenhoeck & Ruprecht GmbH & Co. KG, Göttingen

enorme Reich-weite hat. Eine solch plakative Aussage erhitzt eben das Gemüt. Im Klappentext des Buches heißt es:

> „Die Pastoren wissen es seit eh und je. Manche Gläubige ahnen es. Klaus Dede sagt es: Jesus war schwul…" [22]

Dede bezeichnet sich selbst als Atheist. Er zieht zu seiner Interpretation unter anderen, das Johannesevangelium in Kapitel 13, 23 oder die Lazarus-Erzählung (Johannes 11, 36) heran.

Im Folgenden gilt es, diese Stellen und noch eine weitere Quelle, nämlich Mathäus 19, zu untersuchen. Auch auf Petrus möchte ich zu sprechen kommen.

Vorweg sei allerdings gesagt, dass es zu Jesus als sexuelle Person explizit keinerlei Berichte in der Bibel gibt. Meiner Meinung nach ist es auch äußerst unwahrscheinlich das Jesus homosexuell veranlagt war, denn wäre sein Sexualleben auffällig gewesen so hätten Jesus Gegner diesen Punkt wohl gegen ihm angebracht. Die verschiedenen Autoren im NT interessierte sein Sexualleben einfach nicht. Diese Tatsache lässt den logischen Schluss zu, dass es in den Augen der Menschen seiner Zeit für einen Wanderprediger nicht außergewöhnlich oder bemerkenswert gewesen sein muss.

Jesus Bezug zu Maria Magdalena

Des Weiteren wird oftmals ein eventuelles Verhältnis zwischen Jesus und Maria Magdalena angebracht. Doch das entbehrt sich, wie auch die Thesen zur Homosexualität von Jesus, jeder beweisbaren Grundlage.

Maria Magdalena war nicht die Geliebte von Jesus. Sie wird oft als diejenige angeführt, welche Jesus salbte. Doch wenn wir aufmerksam das Lukas Evangelium verfolgen so wird Maria Magdalena erst nach der Salbung mit vollständigen Namen genannt. Eine anonyme „Salberin" könnte also auch denkbar sein. Maria Magdalena wird durch Jesus von sieben Dämonen befreit (siehe Lukas 7,36-8,3). Daher muss sie Jesus sehr dankbar gewesen sein und verehrte ihn demzufolge auch. Sie war gut gestellt und konnte so, wie auch andere, Jesus und seine Jünger unterstützen. Sie war also einfach nur eine starke Frau mit festen Zielen. Diese Entschlossenheit zu Jesu Lebzeiten kann

---

[22] Quelle: Jesus - schwul?: Die Kirche, die Christen und die Liebe - Eine Antwort; Schutter Verlag; 2006

uns auch als Erklärung dienen, warum sie die Ehre erfuhr, Jesus als Erste nach der Auferstehung zu erblicken.

Andererseits ist das Argument gerechtfertigt, Jesus als Mensch habe auch menschliche Bedürfnisse in sexueller Sicht.

In der Bibel wird aber auch von seiner – vielleicht auch nur „platonischen" – Liebe zu einem einzelnen Jünger berichtet.

> „Es war aber einer unter seinen Jüngern, der zu Tische lag an der Brust Jesu, welchen Jesus lieb hatte."[23]

Diese Stelle wird immer wieder von Befürwortern der These „Jesus war schwul" angebracht.

Insgesamt berichtet die Bibel von drei Menschen, welche von Jesus auf eine andere Art geliebt wurden. (Nachfolgend betrachtet: Johannes, Petrus, Lazarus)

Jesus Bezug zu Johannes

Den Bezug zu Johannes als Jünger den er liebte muss man aber nicht als homoerotische Komponente erkennen, sondern eher als Auserwählten. Johannes bekam den Auftrag sich nach dem Tod Jesu um Maria (der Mutter Jesus) zu kümmern.

> „Als nun Jesus die Mutter sah und den Jünger, den er liebte, dabeistehen, spricht er zu seiner Mutter: Frau, siehe, dein Sohn! Dann spricht er zu dem Jünger: Siehe, deine Mutter! Und von jener Stunde an nahm der Jünger sie zu sich."[24]

Im irdischen Leben nahm Johannes die Stelle Jesu ein. Von allen Jüngern erkennt nur Johannes Jesus nach der Auferstehung. (Jesus ruft vom Ufer aus zu den Jüngern)

---

[23] Johannes 13, 23; Stuttgarter Erklärungsbibel; 2005 deutsche Bibelgesellschaft; Lutherübersetzung

[24] Johannes 19, 26+27; Stuttgarter Erklärungsbibel; 2005 deutsche Bibelgesellschaft; Lutherübersetzung

„Da sagt jener Jünger, den Jesus liebte, zu Petrus: Es ist der Herr."[25]

Daraus lässt sich, meines Erachtens, eher erkennen, dass Johannes Jesus am besten kannte.

Jesus Bezug zu Lazarus

Lazarus wurde durch Jesus von den Toten auferweckt. Aber die Erzählung berichtet auch von der besonderen Beziehung, die Jesus zu Lazarus hatte:

„Es war aber einer krank, Lazarus, von Bethanien, aus dem Dorf der Maria und ihrer Schwester Martha. [...] Da sandten die Schwestern zu ihm und ließen ihm sagen: Herr, siehe, der, den du lieb hast, ist krank. [...] Jesus aber liebte die Martha und ihre Schwester und den Lazarus. [...] Jesus sprach: Wo habt ihr ihn hingelegt? Sie sagen zu ihm: Herr, komm und sieh! Jesus weinte. Da sprachen die Juden: Siehe, wie lieb hat er ihn gehabt!"[26]

Die hier explizit genannte Liebe Jesu zu Lazarus ist meines Erachtens als stilistisches Mittel zu verstehen. Auch die Liebe zu Martha und Maria wird genannt. Es soll an dieser neutestamentlichen Stelle verdeutlicht werden, wie Jesus diese Menschen, stellvertretend für alle Menschen auf der Welt, liebt.

Jesus Bezug zu Petrus

Nach der Auferstehung Jesu, am Meer von Galiläa, setzt Jesus ihn als Haupt in der Gemeinde ein:

„Als sie nun gefrühstückt hatten, spricht Jesus zu Simon Petrus: Simon, Sohn des Johannes, liebst du mich mehr als diese? Er spricht zu ihm, Ja Herr, du weißt, dass ich dich lieb habe. Spricht er zu ihm: Weide meine Lämmer. Wiederum spricht er zum zweiten Mal zu ihm: Simon, Sohn des Johannes, liebst du mich? Er spricht zu ihm: Ja, Herr, du weißt, dass ich dich lieb habe. Spricht er zu ihm: Hüte meine Schafe! Er spricht zum dritten Mal zu ihm: Simon, Sohn des Johannes, hast du mich lieb? Petrus wurde traurig, dass er zum dritten Mal zu ihm sagte: Hast du mich lieb? und sprach zu ihm: Herr, du

---

[25] Johannes 21, 7; Stuttgarter Erklärungsbibel; 2005 deutsche Bibelgesellschaft; Lutherübersetzung

[26] Johannes 11, 1, 3, 5, 34-36; Stuttgarter Erklärungsbibel; 2005 deutsche Bibelgesellschaft; Lutherübersetzung

weißt alles; du erkennst, dass ich dich lieb habe. Jesus spricht zu ihm: Weide meine Schafe!"[27]

Auch hier ist keinerlei sexuelle Absicht erkennbar. Denn durch die Frage nach der Liebe will Jesus anhand Petrus Antwort seine Würdigkeit zum Stellvertreter auf Erden prüfen.

Conclusio: Jesus war nicht homosexuell geprägt

Auf jeden Fall sollten wir im Hinterkopf behalten, das es für unser Wort „Liebe" mehrere Übersetzungsmöglichkeiten im Griechischen gab:

- Agapao – soziale und moralische Liebe, Nächstenliebe, Liebe Gottes zu uns
- Phileo – die Liebe zwischen Freunden
- Eros – erotische Liebe
- Storge – fürsorgliche Liebe

Diese kurze Definition ist jetzt aber nicht als starre Vokabeltabelle zu verstehen. Denn innerhalb eines neutestamentlichen Textes, können verschiedenste Arten der oben genannten Definitionen von Liebe für ein und denselben Sachverhalt auftauchen.

Wiederum finden wir auch einige Sätze Jesus, die sich eigentlich gegen die Familie richten (siehe unten) und somit im Grunde gar nicht richtig zu unserem Verständnis von Kirche und Familie passen wollen. Im Umkehrschluss bedeutet das aber auch nicht das Jesu gegen Familien war und daraus folgernd für gleichgeschlechtliche Lebenspartnerschaft. Ich denke bei Jesus ist es wesentlich die Botschaft und das Verständnis vom Reich Gottes, welches es für ihn zu verbreiten galt zu erfassen. Wir müssen uns hüten in eventuell auch stilistische Gestaltungsmittel der Autoren Dinge hinein zu interpretieren die nicht der Überlieferung entsprechen.

---

[27] Johannes 21, 15-17; Stuttgarter Erklärungsbibel; 2005 deutsche Bibelgesellschaft; Lutherübersetzung

„Und es kamen seine Mutter und seine Brüder und standen draußen, schickten zu ihm und ließen ihn rufen. Und das Volk saß um ihn. Und sie sprachen zu ihm: Siehe, deine Mutter und deine Brüder und deine Schwestern draußen fragen nach dir. Und er antwortete ihnen und sprach: Wer ist meine Mutter und meine Brüder? Und er sah ringsum auf die, die um ihn im Kreise saßen, und sprach: Siehe, das ist meine Mutter und das sind meine Brüder! Denn wer Gottes Willen tut, der ist mein Bruder und meine Schwester und meine Mutter"[28]

Er will erst seinen Vater begraben. Jesus aber spricht:

„Folge du mir, und laß die Toten ihre Toten begraben!"[29]

Man sollte bei den Spekulationen um Jesus sexuelle Verhältnisse daran denken das **Jesus immer eine besondere Liebe zu Randgruppen und Ausgestoßenen praktizierte**. Um solche in die Gemeinschaft aufzunehmen und Anderen das wichtige Gebot der Nächstenliebe nahe zu bringen. Auch wenn dieses Handeln oft entsetzen hervorbrachte (siehe Zachhäus → „…bei einen Sünder ist er eingekehrt…".), diente es doch der Beschreibung des neuen Glaubens und Liebens im Kontext mit Gott dem Vater.

Ein letzter aber wichtiger Punkt ist, dass **Jesus an keiner Stelle der Bibel die Homosexualität verurteilt**. Er **spricht aber** sehr viel **von Liebe**.

Bekenntnisschriften

In den Bekenntnisschriften der evangelisch lutherischen Kirche selbst waren für mich keine direkten Informationen über gleichgeschlechtliche Lebenspartnerschaften aufzufinden. Jedoch viele Punkte in denen die Ehe beschrieben wird. Dabei wird Bezug auf die Ehe zwischen Mann und Frau genommen, welche wir zweifellos als Gegenstück zur gleichgeschlechtlichen Lebenspartnerschaft ansehen können.

Im Brief an die Korinther 4, 7 ist die Ehe als Gottes gute Schöpfung beschrieben. Die eheliche Gemeinschaft wird nicht vordergründig als von

---

[28] Markus 3, 31-35; Stuttgarter Erklärungsbibel; 2005 deutsche Bibelgesellschaft; Lutherübersetzung

[29] Mathäus 8, 22; Stuttgarter Erklärungsbibel; 2005 deutsche Bibelgesellschaft; Lutherübersetzung

Menschen hervorgebracht angesehen, sondern als göttlicher Stand. So in der Confessio Augustana nachzulesen:

> „Wir sollen diesen göttlichen Stand (der Ehe) ehren und auf überaus herrliche Weise segnen... Denn wenns auch ein weltlicher Stand ist, so hat er dennoch Gottes Wort für sich..."

Andere Stände werden in der Confessio unterschieden und abgegrenzt:

> „denn die Ehe „...ist nicht von Menschen erdichtet oder gestiftet wie der Stand der Mönche und Nonnen"[30]

Dass die Ehe durch Gott besondere Würdigung erhält, geht auf die Begründung aus der Schöpfung zurück. Sie findet ihre Verdeutlichung bei Paulus und ihre Betonung bei Thomas von Aquin. Das heißt laut Bekenntnisschriften der **evangelischen Kirche ist eine Gleichgeschlechtliche Ehe nicht möglich**. Denn die **Ehe ist ein von Gott erdachtes Gut**. Nichtsdestotrotz schließt diese Aussage eine Segnung (fälschlicherweise oft als Homo-Ehe bezeichnet) nicht aus. Denn diese steht in einen anderen Kontext (siehe Punkt 2).

Weiterhin beschreibt die Confessio Augustana in ihrer Apologie im 23. Artikel die Ehe als

> „...gut christlich und heilig des Glaubens willen im Christentum..."

Dabei wird Bezug auf den ersten Korintherbrief, Kapitel 7, 14, genommen. Weiter finden wir im Artikel 23 noch Aussagen wie

> „...die natürliche Neigung... diese Neigung ist wahrhaftig eine göttliche Hinordnung des Geschlechts zum Geschlecht".[31]

Natürliche menschliche Triebe werden hier als gottgewollte Ordnung erklärt. Entgegen den Verfechtern des Priester-Zölibats, welche die Reinheit des Menschen zu Gotte im nicht eingehen einer Ehe als einzige Möglichkeit verstehen.

---

[30] Confessio Augustana, Traubüchlein, 529

[31] Confessio Augustana, Apologie, Artikel 23

Conclusio finalis

Beginnen möchte ich mit einer Stellung der VELKD, welche in den Leitlinien kirchlichen Lebens von 2003 zu gleichgeschlechtlichen Lebenspartnerschaften folgendes festhält:

> „…Der evangelischen Kirche ist es geboten Menschen, die in anderen Lebensformen oder mit einer bestimmten sexuellen Prägung verbindlichen und treue, liebevolle und tragfähige Partnerschaften suchen, aufmerksam und ohne Abwertung wahrzunehmen und zu achten…"[32]

Die **Betonung** sollte in diesen Satz **auf der Art der Lebenspartnerschaft liegen (Liebe, Treue, Festigkeit)** erst das stellt sie der Ehe näher.

Diese Arbeit sollte herausgestellt haben, dass uns die Gebote Gottes klarmachen, dass Homosexualität auch eine Sünde ist. Aber sie ist eine Sünde wie jede andere. Christus zeigt uns deutlich, dass das Gebot der Nächstenliebe immer seine Anwendung finden muss, auch bei homosexuellen Menschen. Die Zugehörigkeit zur Kirche kann und darf nicht durch ethische Kriterien wie eine eventuelle Ablehnung von gleichgeschlechtlichen Partnerschaften bestimmt werden, sondern muss sich allein auf das Bekenntnis des Glaubens berufen. Auch wenn Homosexuelle Prägungen nicht von Gott vorgesehen sind so macht Jesus, als neue Instanz des göttlichen Willens klar, dass diese nicht verurteilt werden dürfen.

Daraus folgt: **Christen können in einer gleichgeschlechtlichen Lebenspartnerschaft leben**. Denn sie haben ihren freien Willen. Sie **sind als Glaubende absolut gleichwertig**, doch sie sollten sich bewusst machen, dass sie höchstwahrscheinlich **in ihrem sexuellen Leben nicht der göttlichen Vorsehung entsprechen**. Doch sobald das Bewusstsein dafür geschaffen wird kommt jeder Mensch in der Verbindung mit Gott näher. Die Forschung kennt nicht mit Gewissheit die Ursachen homosexueller Prägung. **Es gilt also, Raum für Anerkennung der Homosexuellen in der Kirche zu schaffen**. Das wird durch die öffentliche Segnung gleichgeschlechtlicher Paare erreicht. Es gilt dies Fortzusetzen und keinen Ausschluss für diese Menschen zu praktizieren, denn **jeder soll die seelsorgerische Tätigkeit der Kirche in Anspruch nehmen dürfen**.

---

[32] Leitlinien kirchlichen Lebens; 2003; VELKD; nachzulesen unter:
http://www.velkd.de/downloads/Leitlinien_kirchlichen_Lebens(2).pdf Stand: 03.02.2009

Anlagen
Email-Texte und Material verschiedener Institutionen

Hier führe ich Texte und Quellen auf, die mir bei dieser Ausarbeitung noch zusätzlich zur Verfügung standen.

-----Ursprüngliche Nachricht-----

Betreff: Stellung der EKD zur gleichgeschlechtlichen Lebenspartnerschaft

Sehr geehrte Damen und Herren,

Ich schreibe im Studium der evangelischen Theologie eine Arbeit zu dem Thema „Können Christen eine gleichgeschlechtliche Lebenspartnerschaft eingehen". Die Betrachtung erfolgt im Fach der Systematischen Theologie, daher sammle ich auch verschiedene Stellungen zum Thema. Nun würde ich sie gerne bitten ob sie mir weitere Informationen zur Position der EKD geben können.

Vielen Dank für ihre Mühe.

mit freundlichen Grüßen

Markus Kreißl

EKD Evangelische Kirche in Deutschland

Sehr geehrter Herr Kreißl,

vielen Dank für Ihre Mail, in der Sie nach der Stellung der EKD zur Homosexualität fragen. Der Rat der EKD legte 1996 eine Orientierungshilfe zum Thema „Homosexualität und Kirche" unter dem Titel „Mit Spannungen leben" vor und kam zu dem Ergebnis: Es gibt keine biblischen Aussagen, die Homosexualität in eine positive Beziehung zum Willen Gottes setzen. Homosexuelle Praxis als solche wird - in Übereinstimmung mit den allgemeinen biblischen Aussagen zum Menschenbild und zur Sexualität - als dem ursprünglichen Schöpferwillen Gottes widersprechend qualifiziert. Angesichts der zentralen Stellung, die das Liebesgebot in der Heiligen Schrift hat, darf jedoch auch homosexuelles Zusammenleben nicht von seiner Geltung ausgenommen werden. Das heißt: Der im Liebesgebot ausgesprochene Wille Gottes gilt auch für die ethisch verantwortete Gestaltung homosexuellen Zusammenlebens.

Für das Zusammenleben von Menschen unter dem Aspekt der Sexualität und Generativität sind aus der Sicht des christlichen Glaubens Ehe und Familie die sozialen Leitbilder. Denjenigen homosexuell geprägten Menschen, die aufgrund ihrer Lebensgeschichte und Selbstwahrnehmung ihre homosexuelle Prägung als unveränderbar verstehen und denen das Charisma sexueller Enthaltsamkeit nicht gegeben ist, ist zu einer vom Liebesgebot her gestalteten und darum ethisch verantworteten gleichgeschlechtlichen Lebensgemeinschaft zu raten. Diese Position muss eine Spannung zwischen dem biblischen Widerspruch gegen homosexuelle Praxis als solche und der Bejahung ihrer ethischen Gestaltung in Kauf nehmen.

Die Kriterien, die für eine vom Liebesgebot her verantwortete homosexuelle Lebensgemeinschaft gelten, sind - bis auf die Funktion, Lebensraum für die Geburt und Erziehung von Kindern zu sein - dieselben wie die für Ehe und Familie: Freiwilligkeit, Ganzheitlichkeit, Verbindlichkeit, Dauer und Partnerschaftlichkeit. Gegenüber dem Staat, so die Orientierungshilfe, sollte die Kirche für eine Aufhebung sachlich unbegründeter Benachteiligungen eintreten, denen gleichgeschlechtliche Lebensgemeinschaften ausgesetzt sind. - -

In der evangelischen Kirche ist der Wunsch, Pfarrer zu werden, noch nicht hinreichend, um Menschen zum Pfarramt zuzulassen. Vielmehr wird anhand von Kriterien nach der Eignung gefragt. Der Rat der EKD hat sich in seiner Orientierungshilfe „Mit Spannungen leben" dafür ausgesprochen, dass eine generelle Öffnung des Pfarramtes für homosexuell lebende Menschen nicht vertretbar ist. Wohl aber kann verantwortet werden, dies nach gründlicher Prüfung in Einzelfällen zu tun, nämlich dort, wo die homosexuelle Lebensweise ethisch verantwortlich gestaltet wird.

Auf unserer Homepage finden Sie unter http://www.ekd.de/homosexualitaet/index.html ein Themenportal zu „Homosexualität", in dem sowohl eine ausführliche Einführung in das Thema (s. http://www.ekd.de/homosexualitaet/einfuehrung.html) als auch alle von der EKD veröffentlichten Texte zur Thematik eingestellt sind. Bitte machen Sie sich dort kundig.

Mit freundlichem Gruß

xxx xxx

Kirchenamt der EKD

Herrenhäuser Str. 12

D-30419 Hannover

http://www.ekd.de

VELKD Vereinigte evang. Kirchen in Deutschland

Sehr geehrter Herr Kreißl,

bzgl. Ihrer Anfrage verweise ich aus dem Bereich der VELKD auf die Stellungnahme der Bischofskonferenz vom 09. März 2004. Sie finden diese unter

http://www.velkd.de/downloads/amtsblatt_15_07_2004.pdf

Mit freundlichen Grüßen

xxx xxx

Amt der VELKD

Referat VI: Theologische Grundsatzfragen

Herrenhäuser Str. 12

D-30419 Hannover

Lutherischer Weltbund

Lieber Herr Kreißl,

mit dem Thema gleichgeschlechtliche Lebenspartnerschaften haben sich zahlreiche Mitgliedskirchen des Lutherischen Weltbundes seit über 20 Jahren beschäftigt. Es gibt eine Fülle von Material dazu.

Das Spektrum der unterschiedlichen Positionen ist groß. Deshalb gibt es auch nicht „die" LWB Position zum Thema. Vor zwei Jahren wurden Leitlinien zum Umgang mit dem Thema von einer Arbeitsgruppe des LWB erstellt. Sie finden das englische Dokument auf:
http://www.lutheranworld.org/LWF_Documents/2007_Council/Task_Force_Report-EN.pdf

Unsere US amerikanische Mitgliedskirche, die ELCA, hat sehr viele ihrer Materialen online: http://www.elca.org/What-We-Believe/Social-Issues/Social-Statements-in-Process/JTF-Human-Sexuality/Resources.aspx

http://www.elca.org/What-We-Believe/Social-Issues/Social-Statements-in-Process/JTF-Human-Sexuality.aspx

Auch die schwedische Kirche hat intensiv dazu gearbeitet, dort könnten Sie vielleicht auch einmal direkt nachfragen. Die Website der Kirche ist: www.svenskakyrkan.se

Der Schwerpunkt vieler Argumentationen liegt auf exegetischen bzw. hermeneutischen Reflexionen oder ekklesiologischen Fragen, d.h. was bedeutet es für das Kirche-Sein von Kirche, wenn ethische Fragen zum Kriterium für die Zugehörigkeit zu einer Kirche bzw. Kirchengemeinschaft werden.

Ich wünsche Ihnen interessante Entdeckungen in diesem komplexen Feld.

Mit freundlichen Grüßen,

xxx xxx

Department for Theology and Studies

The Lutheran World Federation

150, route de Ferney

P.O.Box 2100

CH-1211 Geneva 2

LUST – lesbische und schwule Themen – http://www.lust-zeitschrift.de/

----- Original Message -----

Subject: Anfrage zur Stellung der LUST zur Kirche

Sehr geehrte Damen und Herren,

Ich schreibe im Studium der evangelischen Theologie eine Arbeit zu dem Thema „Können Christen eine gleichgeschlechtliche Lebenspartnerschaft eingehen". Die Betrachtung erfolgt im Fach der Systematischen Theologie, daher sammle ich auch verschiedene Stellungen zum Thema. Nun würde ich sie gerne bitten ob sie mir weitere Informationen zu ihrer Position geben können. Mich interessieren sämtliche Meinungen unabhängig vom Bekenntnis der jeweiligen Kirche. Den Text: 72. LUST, Herbst 02, September / Oktober / November Kirche und Ehe, Recht und Gesetz habe ich bereit auf Ihren Seiten gefunden. Vielen Dank für ihre Mühe.

Mit freundlichen Gruß

Markus Kreißl

Hallo Markus,

das hast Du sicher in einer Print-Ausgabe gefunden, denn ich habe den Artikel nicht im Internet gefunden, obwohl ich dort intensiv danach gesucht habe. Also habe ich die 72. LUST rausgesucht. Dort handelt es sich um einige Presseerklärungen des LSVD, genauer zu einem seiner Sprecher, dem ehemaligen Bundesanwalt Manfred Bruns. Die Presseerklärungen wurden derart lieblos dort reingeklatscht, dass es heute meinen Augen wehtut.

Die Frage nach der gleichgeschlechtlichen Lebenspartnerschaft einerseits und dem, was Christen nun wirklich können, kann nicht beantwortet haben. Aber mit religiösen Organisationen jedweder Art müssen, so meinen wir, Auseinandersetzungen geführt werden, wenn sie versuchen, auf staatliche Gesetze Einfluss zu nehmen und so das Leben von Menschen, die nicht religiös sind, in dieser Weis vergiften zu suchen.

Wenn Du ins Internet gehst: www.lust-zeitschrift.de findest Du den Link „Artikel". Und dann ist dort der Link zum Artikel- „Archiv" zu finden. Dort sind eine Unzahl von Beiträgen in den verschiedenen Rubriken, die sich auch mit der Fragestellung Religion und Homosexualität auseinanderzusetzen haben.

Ab Herbst 03 haben wir dort die Rubrik „Religion" eingerichtet und dort viele Artikel zugeordnet. Da könntest Du auch fündig werden. Ansonsten rate ich Dir, auf die Internet-Präsenz des LSVD zu gehen. Der setzt sich nämlich mit diesem Thema auseinander, sodass Du dort Einiges finden könntest: http://www.lsvd.de/

Wir selber veröffentlichen oftmals Beiträge und Pressemeldungen, wenn diese aus der Szene stammen und es also Menschen gibt, die sich damit auseinandersetzen. Da wir selber gar nicht religiös sind, ist uns diese Fragestellung doch recht fremd. Uns interessiert und für unser eigenes Leben nämlich überhaupt nicht, was irgendein Religionsverkünder glaubt, sagen zu müssen.

Schau mal nach unserem Aufruf unter dem Link http://www.rosalueste.de/aufruf1.html den haben wir auf der Buchmesse zusammen mit Verlegern einiger Verlage unserer Szene und anderen emanzipativen Denkansätzen formuliert, das gibt in etwa unsere Auffassung wieder.

Viele Grüße

XXX XXX

„Homosexualität in der Literatur katholischer Moraltheologen"

von Lisa Brand, 2009

Die Haltung der katholischen Kirche zur Homosexualität

Der Katechismus der Katholischen Kirche macht die Einstellung zur Homosexualität deutlich: Zwar haben homosexuelle Männer und Frauen „diese Veranlagung nicht selbst gewählt", doch sind diese Menschen „zur Keuschheit" berufen, um sich „entschieden der christlichen Vollkommenheit an(zu)nähern."[33] Auch die Verlautbarung des Apostolischen Stuhls „Erwägungen zu den Entwürfen einer rechtlichen Anerkennung der Lebensgemeinschaften zwischen homosexuellen Personen" erklärt, dass Homosexualität mittlerweile zwar gebilligt wird, aber nur unter der Prämisse, dass homosexuelle Partnerschaften nicht mit Ehe und Familie gleichgestellt werden. Die Kongregation für die Glaubenslehre erklärt, dass die Ehe nicht nur eine „beliebige Gemeinschaft von menschlichen Personen"[34] ist, sondern eine Vorrangstellung innerhalb der Schöpfungsordnung einnimmt. Diese Exklusivität zeigt sich auch in der Würde des Ehesakraments. Homosexuelle Beziehungen dagegen würden „gegen das natürliche Sittengesetz verstoßen."[35] Begründet wird dieser Verstoß durch die fehlende Möglichkeit der Fortpflanzung, die der eigentliche Zweck von sexuellen Handlungen sei.

Die Einstellung, dass homosexuelle Menschen zwar keine Schuld an ihrer Orientierung tragen, aber dennoch gegen die natürliche Ordnung verstoßen, ist das einmütige Urteil der katholischen Tradition.[36] Es stellt sich jedoch die Frage, ob gegenwärtig nicht auch andere Positionen und Lehrmeinungen vertreten werden. Die vorliegende Arbeit beschäftigt sich daher mit Texten in aktuellen Lehrbüchern und Sammelbänden und dem Artikel „Homosexualität" im Lexikon für Theologie und Kirche, um festzustellen, welche Tendenzen in der Diskussion um eine ethische Bewertung von Homosexualität heute erkennbar sind. Das Prädikat ‚aktuell' meint hier, dass alle untersuchten Texte nach 2000 erschienen sind.

Nun sollen zunächst die Thesen in den Aufsätzen „Gelingendes Leben in Ehe und Familie. Grundlagen der Sexualmoral" von Klaus Arntz[37] und „Die sittliche Beurteilung der Homosexualität. Moralhistorische Anmerkungen zum

---

[33] Katechismus 2358.
[34] Kongregation für die Glaubenslehre, 6.
[35] ebd., 7.
[36] vgl. ebd., 7.
[37] Arntz, 61-126, v.a. das Kapitel „VIII. Homosexualität" (109-126).

christlichen Standpunkt" von Josef Spindelböck[38] betrachtet werden. Darauf folgt die Untersuchung des Artikels „Homosexualität" im LThK, wobei ein Augenmerk auf der Entwicklung des Artikels in den verschiedenen Auflagen des Lexikons liegen soll. Den Abschluss der Arbeit bildet ein theologischer Neuansatz von Martin Steinhäuser, der sich dem Thema Homosexualität von der Schöpfungstheologie ausgehend erfahrungstheoretisch nähert.[39]

Stellungnahmen in aktueller Literatur

Gemeinsame Tendenzen

In nahezu allen untersuchten Texten, von denen die beiden genannten lediglich beispielhaft vorgestellt werden, wird ein ähnliches wissenschaftlich fundiertes Schema deutlich: Es findet sich eine mehr oder wenig explizite Definition des Begriffs „Homosexualität", gelegentlich wird zusätzlich das Problem aufgezeigt, das die Konstruktion des Homosexualitätsbegriffs nach sich zieht. Meist folgt eine Ausführung über ältere und aktuelle wissenschaftliche Erkenntnisse über die Entstehung von Homosexualität. Ein zentrales Element in allen theologisch-ethischen Texten ist die Beschäftigung mit biblischen Aussagen über Homosexualität, wobei sich die Texte allerdings in der Wertung und im Umgang mit den Bibelstellen – größtenteils wird der Apostel Paulus in Röm 1,24-32; 1 Kor 6,9-10 und 1 Tim 1,8-11 zitiert – unterscheiden. In der theologisch-ethischen Reflexion fällt auf, dass eine Menge offener Fragen bleiben, deren Klärung ausbleibt.

Viele der untersuchten Texte bewegen sich von den bekannten lehramtlichen Aussagen zu Homosexualität weg. Gerade die Forderung des Lehramts, ein Leben in Keuschheit zu führen, um homosexuelle Triebe zu unterdrücken, stößt in der theologisch-ethischen Reflexion auf Kritik. Die vorliegenden Texte stellen hier zwar selten Lösungen vor, öffnen sich aber anderen drängenden Fragen moderner homosexueller Lebenswelten, wie zum Beispiel die Frage nach einer angemessenen Pastoral.

---

[38] Spindelböck, 168-178.
[39] Steinhäuser, 68-85.

Homosexualität aus Sicht von Klaus Arntz

Der Moraltheologieprofessor Klaus Arntz verfasste 2008 einen ausführlichen Artikel über Sexualmoral in Ehe und Familie. Darin ist ein umfassendes Kapitel über Homosexualität enthalten. Auch er eröffnet seine Abhandlung über gleichgeschlechtliche Beziehungen mit der Frage nach Aussagen zu Homosexualität in der Bibel. Doch gleich zu Beginn konstatiert er:

„Für die gegenwärtige ethische Bewertung der Homosexualität aus moraltheologischer Sicht können biblische Belegstellen nur eine eingeschränkte Bedeutung haben."[40]

Er begründet dies damit, dass die Verse der Heiligen Schrift nur von Homosexualität zwischen Männern sprechen und dass zwar homosexuelle Praktiken verurteilt werden, eine Bewertung von homosexueller Neigung aber ausbleibt.[41] Darüber hinaus können biblische Aussagen über Homosexualität nur in ihrem historischen Kontext verstanden werden. So stehe zum Beispiel Röm 1,18-32 „im Zusammenhang mit einer prophetischen Gerichtsrede [...], in der Paulus die Schuldverfallenheit aller Menschen aufdeckt [...]. Für eine ethische Bewertung der Homosexualität reichen die biblischen Fundstellen allein offensichtlich nicht aus, da ihre eigentlichen Intentionen nicht in der moralischen Unterweisung aufgehen."[42]

Dass in der heutigen Zeit immer unbefangener über Homosexualität gesprochen werden kann, liegt, so Arntz, vor allem in der Dekonstruktion und der Entpathologisierung des Homosexualitätsbegriffs, was sich in der gesamtgesellschaftlichen Wahrnehmung widerspiegelt.[43] In der Diskussion um eine ethische Bewertung von Homosexualität stehen sich zwei Standpunkte gegenüber: die Äquivalenztheorie fordert, dass „eine partnerschaftlich ausgerichtete Homosexualität [...] als eine der Ehe äquivalente Lebensform zu gelten"[44] habe, da sich die individuelle Ausgestaltung der Sexualität auf das personale Selbstbestimmungsrecht berufen muss. Dem gegenüber bezeichnet die Asymmetriethese Homosexualität als ein ontisches Übel oder zumindest

---

[40] Arntz, 110.
[41] vgl. Arntz, 110 f.
[42] Arntz, 110 f.
[43] vgl. Arntz, 111 ff.
[44] Arntz, 114.

als ontische Nebenordnung, wobei allerdings betont wird, dass ontisches Übel nicht mit moralischem Übel gleichgesetzt werden darf.[45]

Im Folgenden stellt Arntz beispielhaft zwei extreme Standpunkte im Kontext der theologisch-ethischen Reflexion über Homosexualität vor: Die Prämisse der Heilbarkeit, die von der Kirche bevorzugt werden soll und die Forderung nach einer Theologie der Befreiung von kulturell aufgezwungenen Stigmatisierungen und Diskriminierungen.[46] „Die beiden Positionen dokumentieren die Schärfe, mit der nicht selten Diskussionen im Bereich der Sexualethik geführt werden."[47] Möglicherweise führt Arntz hier diese Beispiele an, um aufzuzeigen, welch großer Raum zwischen solchen Extrempositionen für eine ethische Diskussion geöffnet bleibt.

Auffallend ist in dieser Debatte die Differenzierung zwischen sexueller Handlung und Neigung. So akzeptiert beispielsweise die ökumenische Arbeitsgruppe ‚Homosexuelle und Kirche' sowohl Praxis als auch Neigung, während die Konferenz *Bekennender Gemeinschaften der Evangelischen Kirchen Deutschlands* jegliche Homosexualität als ethisch verwerflich ablehnt. Das katholische Lehramt lehnt homosexuelle Praktiken ab, toleriert aber homosexuelle Neigungen.[48] Ungeachtet der zahlreichen Differenzierungsmöglichkeiten fordert Arntz, auch für den Bereich der Homosexualität „die allgemeinen ethischen Kriterien der Sexualmoral"[49] geltend zu machen. Dies beinhaltet das Personenprinzip, die Formulierung des Kategorischen Imperativs, der die Nichtinstrumentalisierung des Partners, den Schutz der Intimsphäre und ein Höchstmaß an Treue und Verbindlichkeit einschließt.[50]

Das letzte Kapitel bietet einen Überblick über kirchenamtliche Erklärungen zu gleichgeschlechtlichen Partnerschaften. Festzuhalten ist hierbei, dass Arntz diese Verlautbarungen wertfrei zusammenfasst und seine Meinung zurückhält.

In seinem Artikel bietet Klaus Arntz einen Überblick über aktuelle Lehrmeinungen zu Homosexualität. Hierbei beschränkt er sich nicht nur auf die

---

[45] vgl. Arntz, 115.
[46] ebd.
[47] Arntz, 115.
[48] vgl. ebd., 116.
[49] Arntz, 116.
[50] vgl. Arntz, 116 f.

Wiederholung lehramtlicher Aussagen, sondern stellt auch Positionen dar, die sich nicht mit der kirchlichen Meinung decken. Er postuliert außerdem Voraussetzungen für eine ethische Diskussion um Homosexualität. Der Artikel endet allerdings ohne eine ethische Bewertung von Homosexualität bzw. ohne eine Diskussion um seine solche Wertung. Stattdessen beschließt Klaus Arntz seine Ausführung mit der offenen Frage, ob die von der Kirche „vertretenen Positionen eine sowohl theologisch-ethisch wie menschlich-pastoral angemessene Antwort auf die Fragen und Probleme der Menschen von heute"[51] biete.

Josef Spindelböcks „Moralhistorische Anmerkungen"

Bereits in der Einführung seines Beitrags über „Die sittliche Beurteilung der Homosexualität. Moralhistorische Anmerkungen zum christlichen Standpunkt", den Josef Spindelböck 2001 veröffentlichte, betont Spindelböck, dass die kirchliche Einstellung zwar „wenig konsensfähig"[52] sei, aber die Aufgabe des katholischen Lehramtes sei es, „‚Zeichen des Widerspruchs' zu sein, gerade um des Menschen und seiner unveräußerlichen Würde willen!"[53] Die Sicht des Lehramtes, die Spindelböck anhand des Katechismus der Katholischen Kirche (Nr. 2357-59) erläutert, müsse zudem allen moraltheologischen Überlegungen zu Grunde liegen.[54]

Den Hauptteil des Textes bildet eine historische Betrachtung, in der einige Schlaglichter im Umgang mit Homosexualität in der Geschichte beleuchtet werden. Der Autor macht aber deutlich, dass diese Betrachtung nur „ansatzweise"[55] erfolgen kann. Der geschichtliche Überblick beginnt in der Antike und endet mit aktuellen kirchlichen Lehrmeinungen:

Während in der Antike Homosexualität weitestgehend als Randerscheinung gebilligt wurde – man vergleiche dazu das antike Griechenland, wo Homosexualität sogar als „Art ständischer Initiation (galt), durch welche männliche Jugendliche in die Welt der adligen Männergesellschaft aufge-

---

[51] Arntz, 122.
[52] Spindelböck, 161.
[53] ebd.
[54] vgl. ebd.
[55] ebd., 162.

nommen wurden"⁵⁶ – positioniert sich die Heilige Schrift gegen homosexuelles Verhalten. Spindelböck belegt dies damit, dass Abweichungen homosexuelle Handlungen heidnischem Götzendienst gleichkommen würden, und dass das biblische Menschenbild im Alten und Neuen Testament heterosexuell geprägt ist. So stellt Jesus Christus selbst die Ehe in den Vordergrund und wertet damit Homosexualität implizit ab (Mt 19,3-12).⁵⁷

Auch in der Zeit der Kirchenväter lehnt die Mehrheit Homosexualität ab. Kaiser Justinian macht die Homosexualität sogar für „Hungersnot, Erdbeben und Pest"⁵⁸ verantwortlich. Eine gemäßigte Haltung nimmt Cyprian von Karthago ein, der keine Sünde für unvergebbar hält, „auch nicht die homosexuelle Abirrung."⁵⁹ Das Mittelalter hält Homosexualität ebenfalls für eine Verfehlung. Spindelböck nennt hier beispielhaft Thomas von Aquin, der „Homosexualität zu den widernatürlichen Unzuchtsünden (‚*vitium contra naturam*')"⁶⁰ zählt und sie dadurch auf eine Stufe mit Selbstbefriedigung, Bestialität und Oral- bzw. Analverkehr stellt.⁶¹

Erst in der Neuzeit, so beschreibt Spindelböck, wandelt sich vor allem der gesellschaftliche Blick auf Homosexualität. „Homosexualität wurde von einem Vergehen bzw. Verbrechen zu einer privaten Sünde, dann zu einer Krankheit, schließlich zu einer tolerierten und heute zu einer als gleichwertig mit der Heterosexualität anerkannten Lebensform."⁶²

Im nächsten Kapitel seines Textes widmet sich Spindelböck nun der sittlichen Beurteilung der Homosexualität in Kirche und Theologie der Gegenwart. Hier ähnelt der Aufbau des Textes dem Artikel von Klaus Arntz: Spindelböck beschreibt die Unterscheidung zwischen „homosexueller Ausrichtung, homosexuellem Verhalten und homosexueller Identität als hilfreich."⁶³ Daran anknüpfend beschreibt er, warum sich die moralisch-ethische Bewertung aktuell oft von der lehramtlichen Position abwendet. Hier nennt er ebenso wie

---

[56] ebd., 163.
[57] vgl. Spindelböck, 166.
[58] Spindelböck, 167.
[59] ebd.
[60] ebd., 169.
[61] vgl. ebd.
[62] ebd., 172.
[63] ebd.

Arntz die „Entpathologisierung", aber ebenso die Aufwertung der Homosexualität als eine der Heterosexualität gleichwertige Schöpfungsvariante – dieser Ansatz, den vor allem Martin Steinhäuser prägt, soll im Schluss der Arbeit eingehender vorgestellt werden – und die Diskussion um die Eheschließung für homosexuelle Paare.

Spindelböck kommt nun unter der Überschrift „Theologische Klärungen" zu dem Urteil, dass homosexuelle Neigungen ebenso wie homosexuelle Akte heterosexuellen nicht gleichgestellt sind. Als Begründung zitiert er Helmut Weber: „So wenig es eine Diskriminierung der Person geben darf, so wenig darf man andererseits den Mangel übersehen, den die Person mit der homosexuellen Ausrichtung und Orientierung erleidet."[64] Außerdem „ist nicht zu erwarten, dass der Homosexualität die gleiche Wertschätzung eingeräumt wird wie der Heterosexualität; geht man von dem zeichenhaften Charakter der Leiblichkeit der sexuellen Begegnung aus, so behält eben doch die Homosexualität die Eigenart einer Anomalie."[65] Des Weiteren führt er einige Argumente auf, warum homosexuelle Akte sittlich nicht anerkannt werden können.[66]

Der Artikel endet mit einer wertenden Zusammenfassung, in der Homosexualität zwar als Widerspruch zur Schöpfungsordnung steht, es aber dennoch Sünden gibt, die „objektiv viel schlimmer sind als homosexuelle Beziehungen."[67] Spindelböck positioniert sich hier zwar klar auf die Seite der Heterosexualität, begründet dies aber damit, dass er wie die lehramtlichen Aussagen zu Homosexualität diese nicht verurteilen, sondern die „gottgewollte Institution der Ehe als Grundlage von Familie, Gesellschaft und Kirche"[68] schützen will.

Vergleich beider Abhandlungen

Vergleicht man die Texte von Klaus Arntz und Josef Spindelböck miteinander, so fällt auf, dass Arntz keine eigene Bewertung von Homosexualität vornimmt und auch nicht Stellung zu lehramtlichen

---

[64] Weber, 346.
[65] Spindelböck, 175.
[66] vgl. ebd., 175 f.
[67] ebd., 177.
[68] ebd., 178.

Verlautbarungen nimmt. Es lässt sich vermuten, dass dies am Lehrbuchcharakter des Buches liegt, das Arntz' Artikel beinhaltet. Der Text will dem Leser einen möglichst objektiven Einblick in den aktuellen Stand der Diskussion bieten. Würde der Autor am Ende eine subjektive Wertung anbieten, bestünde die Gefahr der unkritischen Übernahme der Ansicht von Seiten des Lesers.

Josef Spindelböck dagegen positioniert sich klar auf die Seite des Lehramts. Obgleich ihm bewusst ist, dass „die christliche und insbesondere die römisch-katholische Beurteilung der Homosexualität [...] wenig konsensfähig"[69] scheint, verteidigt er die Kirche in ihrer Haltung zu Homosexualität als Schützer und Förderer der positiven Werte und des Sittengesetzes. Der Grund für die klar ersichtliche Stellungnahme liegt auf der Hand: Im Gegensatz zu Klaus Arntz' Lehrbuchbeitrag handelt es sich bei Josef Spindelböcks Artikel um einen Artikel in einem Sammelband zum Thema Homosexualität. Ziel des Artikels soll es nicht sein, dem Leser verschiedene Positionen vorzustellen, sondern die katholische Bewertung von Homosexualität darzustellen und zu verteidigen.

Auch der Aufbau der Texte unterscheidet sich: Im Gegensatz zu Klaus Arntz, der Positionen der aktuellen Diskussion erläutert, um den möglichen Raum für eine ethische Bewertung abzustecken, wählt Spindelböck einen anderen Zugang: Er betrachtet die Bewertung von Homosexualität im Verlauf der Geschichte, um danach zu einer aktuellen Standpunktbestimmung aus theologischer Sicht zu gelangen.

Will sich der Leser umfassend über Homosexualität und die christliche Bewertung informieren, scheint keiner der beiden Artikel ausreichend: In Klaus Arntz Beitrag kann zwar viel über verschiedene Standpunkte gelesen werden, doch fehlt die historische Entwicklung der kirchlichen Haltung zu Homosexualität. Die Lektüre des Artikels von Spindelböck wäre dagegen ebenfalls nicht ausreichend, da sich die Beschreibung der Neuzeit nur auf den christlichen Standpunkt beschränkt. In der Kombination enthalten beide Texte allerdings eine hohe Informationsdichte.

---

[69] ebd., 161.

Der Artikel „Homosexualität" im Lexikon für Theologie und Kirche

Die Entwicklung des Artikels in ersten beiden Auflagen

Das LThK ist bisher in drei Auflagen erschienen, wobei die Artikel stets aktualisiert und erweitert wurden. Jede der drei Auflagen enthält einen Artikel über Homosexualität. Eine interessante Frage ist daher: Wie hat sich der Artikel über das brisante Thema der Homosexualität verändert?

Es fällt zunächst auf, dass der Text im Laufe seiner Entwicklung immer länger geworden ist (zuerst eineinhalb, dann zwei und zuletzt sechseinhalb Seitenspalten), was darauf zurückzuführen ist, dass im letzten Jahrhundert zahlreiche neue Erkenntnisse zu Homosexualität gewonnen wurden und dass dieses Phänomen immer mehr zum gesellschaftlichen Thema wurde.

Der erste Beitrag, 1933 von Karl Hilgenreiner verfasst, ist im Fließtext geschrieben und umfasst neben einer Definition von Homosexualität einen Exkurs in die zeitgenössische Sexualwissenschaft und in das geltende Strafrecht und eine moralische Wertung.

> „Homosexualität besagt (eine, Anm. d. Verf.) geschlechtliche Hinneigung zum gleichen Geschlecht, manchmal verbunden mit Kälte, ja Widerwillen gegen das andere Geschlecht. Sie ist an sich gegen Widernatur [...], weil dem Hauptzweck des Geschlechtsverkehrs, der Erhaltung der Art zuwider."[70]

Homosexualität – in diesem Artikel übrigens nicht nur auf Männer beschränkt[71] – wird negativ bewertet.

> „Ganz falsch ist es, alle Fälle von H(omosexualität) auf Naturanlage zurückzuführen und damit wie eine Krankheit zu entschuldigen."[72]

---

[70] Hilgenreiner, 130.
[71] vgl. ebd.
[72] ebd.

Homosexuelle Menschen müssen verantwortungsbewusst mit ihrer „Eigentümlichkeit"[73] umgehen, da eine gleichgeschlechtliche Veranlagung „soweit freiwillig, schweres sittl(iches) Vergehen, ‚himmelsschreiende' Sünde"[74] ist.

Gemäßigter scheint der Artikel über Homosexualität in der zweiten, 1960 erschienen Auflage des LThKs von Florin Laubenthal, Karl Peters und Leonhard Maria Weber. Der Text ist in drei Kapitel unterteilt, die sich dem Thema Homosexualität aus biologisch-soziologischer, moraltheologischer und strafrechtlicher Perspektive nähern. Die Betrachtung wird damit differenzierter und genauer. Ein Rückschritt scheint jedoch die Reduktion der Homosexualität auf das männliche Geschlecht. Im Gegensatz zu Karl Hilgenreiner bleibt lesbische Liebe unbenannt. Florin Laubenthal definiert Homosexualität folgendermaßen:

> „H(omosexualität) ist eine auf das gleiche Geschlecht gerichtete Triebrichtung. Nicht jede homosexuelle Handlung beweist H(omosexualität)."[75]

Die Unterscheidung in homosexuelle Handlung und Neigung, die von der Kirche auch heute noch gemacht wird, wurde also bereits 1960 getroffen. Festzuhalten ist ebenfalls, dass als Ursache für Homosexualität „komplexe, entwicklungspsychol(ogische) u(nd) erlebnishafte Faktoren"[76] genannt werden und Homosexualität nicht nur als abnorme Krankheit bezeichnet wird. Aus Sicht der Moraltheologie unterscheidet Leonhard Maria Weber Homosexualität als Triebrichtung von der Sodomie. Sittlich verurteilt wird nur die Sodomie, wobei sich Weber auf biblische Textbelege und Thomas von Aquin beruft. Für den korrekten Umgang mit Homosexualität rät er zu einer „rel(igiösen) Lebenserfüllung u(nd) Annahme der erschwerten Daseinsform (bei Homophilen mit heterosexuellen Tendenzen evtl. durch einen geeigneten Ehepartner)."[77] Auf jeden Fall müssen Jugendliche und die Öffentlichkeit geschützt werden, wozu jeder Homosexuelle verpflichtet ist.[78] Der Lexikon-

---

[73] ebd.
[74] ebd.
[75] Laubenthal, 468.
[76] ebd.
[77] Weber, 469.
[78] vgl. ebd.

artikel endet mit Karl Peters' Exkurs über Homosexualität im aktuellen und im künftigen Strafrecht.

Die Artikel „Homosexualität" in den beiden ersten Auflagen des LThKs orientieren sich stets an den aktuellen wissenschaftlichen Erkenntnissen. Außerdem zeigt die Informationsfülle, dass sich diese Texte darum bemühen, sich wissenschaftlich fundiert mit einem ethisch prekären Thema auseinander zu setzen, ohne blind Klischees zu bemühen.

Der Artikel „Homosexualität" (2006)

In der dritten Auflage von 1996, die 2006 nochmals als Sonderausgabe erschienen ist, ist der aktuellste Artikel über Homosexualität zu lesen. Es fällt im Vergleich zu den anderen beiden Artikeln auf, dass dieser Text ausführlicher formuliert ist und einen differenzierteren Blick auf Homosexualität bietet: So ist das Kapitel, das noch 1960 „biologisch-soziologisch"[79] hieß, aufgeteilt in die Abschnitte „anthropologisch" und „soziologisch"[80], eine biologische Betrachtung gibt es nicht mehr.

> Die heutigen humanwiss(enschaftlichen) Kenntnisse lassen eindeutig erkennen, daß die „h(omosexuelle) Ortientierung [...] als eine eigene *anthropologische* (Herv. d. Verf.) gegebene Grunddisposition menschlicher Sexualität betrachtet werden muß u(nd) als solche keine wie auch immer geartete Affinität zu psychopatholog(ischen) Entwicklungen aufweist.[81]

Da Homosexualität für Udo Rauchfleisch tief in der Persönlichkeit verwurzelt ist, steht es für ihn außer Frage, dass sie nicht geheilt werden kann oder soll:

> „Therapien, die eine Veränderung der sexuellen Orientierung z(um) Ziel haben, sind desh(alb) nicht nur unmöglich (selbst wenn Erfahrungsberichte sog. ‚Geheilter' dies zu belegen scheinen), sondern geradezu antitherapeutisch u(nd) inhuman."[82]

---

[79] Laubenthal, 468.
[80] Rauchfleisch, 254 f.
[81] ebd., 254.
[82] ebd., 255.

Der soziologische Blick auf Homosexualität zeigt gesellschaftliche Probleme wie Mobbing und Diskriminierung auf, mit denen homosexuelle Menschen kämpfen müssen. Als Hauptmotor der Diskriminierung wird die Homophobie benannt.[83]

Den größten Abschnitt des Artikels bildet die theologisch-ethische Perspektive auf Homosexualität. Der Autor Korff erklärt ebenso wie Arntz in seinem Text, dass biblische Aussagen nur in ihrem historischen Kontext verstehbar sind und nicht einfach auf unsere Gegenwart übertragen werden können. Im Folgenden werden zwei ethische Gegebenheiten theologisch fortgeführt. So folgt aus der Tatsache, dass Homosexualität keine freie Wahl ist, die Forderung nach einem verantwortungsbewussten Umgang mit der sexuellen Orientierung. Dieser kann durch zwei Wege beschritten werden:

> „z(um) einen der Weg des *Verzichts* auf sexuelle Betätigung [...], z(um) anderen der Weg der *Integration* der h(omosexuellen) Orientierung [...] in eine auf Dauer ausgerichtete Partnerschaft."[84]

Die zweite Erkenntnis lautet, dass Sexualität ihren funktionalen Bedeutungen nach polyvalent ist. Das heißt auch, dass Sexualität nicht nur der Fortpflanzung dient, sondern auch

> „Ausdrucksform der Hingabe u(nd) [...] (ein) bindungsverstärkender Faktor einer sich in Fürsorge u(nd) Bergung aufbauenden Partnerschaft"[85]

ist. Es stellt sich zwar die Frage, ob aus theologisch-ethischer Sicht Sexualität auch dann akzeptiert wird, wenn nur eine Seite der Sexualität erfüllt wird, weil Fortpflanzung in homosexuellen Akten per se nicht möglich ist. Dennoch ist hier ein großer Schritt auf dem Weg zur Toleranz von gleichgeschlechtlicher Sexualität getan worden.

Korff knüpft einige individual- und sozialethische Fragen an: Wie soll ein homosexueller Mensch seine Identität finden können, wenn er auf Grund seiner sexuellen Orientierung von der Umwelt nicht akzeptiert wird? Erneut werden im Text gesellschaftliche Diskriminierung und Stigmatisierung verurteilt. Außerdem stellt sich die Frage, warum Homosexualität nicht

---

[83] vgl. ebd.
[84] Korff, 257.
[85] ebd.

akzeptiert werden kann, wenn sich zwei sich liebende Menschen in eine feste Partnerschaft begeben, ohne dass ein Abhängigkeitsverhältnis vorliegt?[86]

Ein kurzer Exkurs von Georg Bier zeigt, wie Homosexualität gegenwärtig im Recht bzw. Kirchenrecht behandelt wird. Dabei erklärt er z.B., dass ein homosexueller Mann durchaus zum Priester geweiht werden kann, da die Charakterstärke eines Menschen nicht unter der geschlechtlichen Orientierung zu leiden hat, solange das Zölibat eingehalten wird.[87] Auch hier wird deutlich, wie sehr sich die Einstellungen zu Homosexualität in den letzten Jahren gewandelt haben. Früher hätte man eine solch liberale Aussage in einem hoch angesehenen kirchlich-theologischen Lexikon nicht lesen können.

Der letzte Abschnitt beschäftigt sich mit der Pastoral, ein Thema, das in den beiden älteren Artikeln nicht behandelt wurde. Darin werden von Wunibald Müller zwei Herangehensweisen vorgestellt, die abhängig vom jeweiligen Verständnis von Homosexualität sind: Geht man davon aus, dass Homosexualität der Schöpfungsordnung widerspricht, so bleibt der Pastoral nur die Möglichkeit, homosexuellen Menschen zu raten, heterosexuell zu werden oder enthaltsam zu leben.

„Im Mittelpunkt solchen Bemühens steht das sexuelle Verhalten u(nd) die sexuelle Orientierung, nicht aber der h(omosexuelle) Mensch in seiner Gesamtheit."[88]

Dem entgegen steht die Auffassung, dass ein Mensch nicht für seine sexuelle Orientierung verantwortlich gemacht werden kann.

„Dann muß auch die P(astoral) die h(omosexuelle) Orientierung als Teil der Person anerkennen, auch wenn h(omosexuelles) Verhalten als moralisch falsch beurteilt wird."[89]

Die Seelsorge, so fordert Müller, muss es sich zum Ziel setzen, Menschen zu helfen, ihre sexuelle Orientierung, mit der sie häufig an den Rand der Gesellschaft gedrängt werden, anzunehmen und in ihr Leben zu integrieren.

---

[86] vgl. ebd., 258.

[87] vgl. Bier, 259.

[88] Müller, 260.

[89] ebd.

Dies schließt auch das Engagement für Menschen- und Bürgerrechte für Homosexuelle ein. Der Artikel endet mit dem mahnenden Satz:

> Grundsätzlich sollte die P(astoral) mit h(omosexuellen) Menschen v(on) der Einstellung u(nd) einem entspr(echenden) Verhalten geprägt sein, daß h(omosexuellen) Personen [...] ‚dieselbe fundamentale Identität zukommt', Geschöpf zu sein u(nd) durch die Gnade Kind Gottes, Erbe des ewigen Lebens.[90]

Der aktuelle Artikel „Homosexualität" scheint mehr Verständnis für die Probleme homosexueller Menschen aufzubringen, denn er beschäftigt sich nicht nur mit der Frage nach der Entstehung von Homosexualität, sondern auch mit der Frage nach dem (pastoralen) Umgang mit Menschen, die mit ihrer sexuellen Orientierung zu kämpfen haben. Dabei wird dazu gemahnt, homosexuellen Menschen ungeachtet der theologisch-ethischen Bewertung ihrer sexuellen Orientierung Seelsorge zu bieten. Diese Entwicklung ist als äußerst positiv zu bewerten, denn Aufgabe der Kirche soll es nicht nur sein, Menschen auf Grund ihrer unfreiwilligen Orientierung zu bewerten, sondern ihnen gerade in Krisen, die dadurch entstehen, pastoral zur Seite stehen.

Welche Erkenntnisse ergeben sich nun aus der Lektüre aktueller Texte zum Thema Homosexualität? Entgegen der häufigen Meinung, dass die Kirche und mit ihr alle Theologen Homosexualität als ‚abnorm' und ‚verabscheuungswürdig' halten, kann man sehen, wie tolerant sich die theologische Ethik mit der Problematik auseinander setzt. Dort wird davon gesprochen, wie intolerant nicht nur die Kirche, sondern die ganze Gesellschaft mit homosexuellen Menschen umgeht und auch dazu ermahnt, Menschen nicht nur auf ihre sexuelle Orientierung zu reduzieren. Ebenso versucht theologische Ethik, Menschen auf der Suche nach ihrer Identität und Orientierung beiseite zu stehen und Lösungsmöglichkeiten zu bieten, um die eigene Sexualität in ein christliches Leben zu integrieren.

---

[90] ebd.

Der besondere Beitrag von Martin Steinhäuser

Eine besondere Stellung in der Betrachtung von Homosexualität nimmt der Beitrag von Martin Steinhäuser ein. Er plädiert aus verschiedenen Gründen für eine erfahrungsbezogene Herangehensweise an das Problem einer Standortbestimmung von Homosexualität. Die Komplexität, die durch die bestehende Vielfalt von Definitionen und benannten Typen von Homosexualität entsteht, kann dazu führen, dass Homosexualität radikal reduziert wird. „Man kann ‚Homosexualität' sagen, und dabei nicht mehr als genitale Praktiken meinen. Oder man kann den sozialgeschichtlichen Kontext der biblischen Einzelweisungen [...] vernachlässigen und eine undifferenzierte Gültigkeit behaupten."[91] Dies führt dazu, dass „Empirie und Theorie, Wirklichkeit und Lehre"[92] auseinanderdriften. Um dem entgegen zu wirken, müsse Homosexualität von Erfahrungen aus betrachtet werden, um die Sache möglichst unvoreingenommen in den Blick zu nehmen. Freilich wirkt diese Vorgehensweise der Gefahr, die Steinhäuser sieht, nur bedingt entgegen, denn Erfahrungen sind per se ebenso subjektiv eingefärbt wie bestehende Definitionen oder Bewertungen.

Homosexualität definiert Steinhäuser folgendermaßen:

> Eine gleichgeschlechtliche Orientierung im Sinne einer überwiegend oder ausschließlich auf das gleiche Geschlecht gerichteten, gefühlmäßig fest verankerten Zuneigung, die als eine gleichberechtigte Beziehung in personaler Reife und sozialer Verantwortungsübernahme gelebt werden kann.[93]

Im Folgenden rekapituliert Steinhäuser das theologische Problem, das durch die Bewertung von Homosexualität durch biblische Belegstellen entsteht. Daher stellt er einen neuen, positiven Zugang von der Schöpfungstheologie her vor: Homosexuelle Menschen sind ebenso wie alle anderen Menschen auch von Gott geschaffen und gewollt. Gerade in der schwierigen Zeit, die homosexuelle Menschen auf der Suche nach ihrer Identität erleben, fragen sie nach dem Schöpfergott. Sie werden zur Entscheidung auf die Frage gerufen,

---

[91] Steinhäuser, 73.

[92] ebd.

[93] ebd., 76 f.

„wie die sexuelle Vorgabe [...] der Lebenswirklichkeit zusammengebracht werden kann."[94]

An diesem Punkt wenden sich viele von der Kirche und vom Glauben ab, weil ihre Orientierung sich kaum in einen katholischen Lebensentwurf integrieren lässt.

„Wer sich hingegen als Geschöpf glauben lernt, das durch Christus neu geschaffen ist und im Glauben an ihn alles von Gott empfängt, der kann Gott auch für seine Homosexualität danken."[95]

Mit der Verbindung von Schöpfungsglaube und homosexueller Lebenserfahrung, die Steinhäuser aufzeigen will, wird deutlich, dass homosexuelle Menschen

„die grundsätzlich gleiche herausfordernde Zusage auf ein Leben unter Gericht und Gnade"

wie heterosexuelle Menschen erhalten.

Der Beitrag von Martin Steinhäuser zeigt, dass man die Problematik, die sich durch die Berufung auf die Bibel und die traditionelle Bewertung von Homosexualität ergibt, in der heutigen Zeit gelegentlich hinter sich lassen muss, um einen dennoch in sich stimmigen Lösungsweg für homosexuelle Menschen anbieten zu können, die keinen Ausweg aus dem Konflikt zwischen ihrem christlichen Glauben und ihrer sexuellen Orientierung finden. Der Ansatz trägt vielleicht ebenso wie der abschließende Satz des Artikels im aktuellen LThK dazu bei, homosexuelle Menschen nicht als ‚unnormal' zu betrachten, sondern ihnen Hilfe zu bieten, wie sie trotz ihrer unfreiwilligen Orientierung ihre eigene Identität im christlichen Glauben finden können.

---

[94] ebd.
[95] ebd., 82.

Literaturverzeichnis

Arntz, Klaus: Gelingendes Leben in Ehe und Familie. Grundlagen der Sexualmoral. In: Orientierung finden. Ethik der Lebensbereiche. Hg. von Klaus Arntz, Marianne Heimbach-Steins u.a. Freiburg 2008, 61-126.

Bier, Georg: Art. „Homosexualität. IV Rechtlich bzw. kirchenrechtlich." in ³LThK 2006, 259.

Hilgenreiner, Karl: Art. „Homosexualität." in ¹LThK 1933, 130-131.

Katechismus der Katholischen Kirche. München u.a. 1993.

Kongregation für die Glaubenslehre: Erwägungen zu den Entwürfen einer rechtlichen Anerkennung der Lebensgemeinschaften zwischen homosexuellen Personen. Bonn 2003.

Korff, Wilhelm: Art. „Homosexualität. III Theologisch-ethisch." in ³LThK 2006, 255-259.

Laubenthal, Florin: Art. „Homosexualität. I Biologisch-soziologisch." in ²LThK 1960, 468.

Müller, Wunibald: Art. „Homosexualität. V Pastoral." in ³LThK 2006, 259-260.

Peters, Karl: Art. „Homosexualität. III Strafrechtlich." in ²LThK 1960, 469-470.

Rauchfleisch, Udo: Art. „Homosexualität. I Anthropologisch. II Soziologisch." in ³LThK 2006, 254-255.

Spindelböck, Josef: Die sittliche Beurteilung der Homosexualität. Moralhistorische Anmerkungen zum christlichen Standpunkt. In: Homosexualität aus katholischer Sicht. Hg. von Andreas Laun. Eichstätt 2001, 161-178.

Steinhäuser, Martin: Erfahrung, Schöpfung, Homosexualität. In: Homosexualität. Herausforderung für die Familie. Hg. von Christoph Behrens und Rüdiger Sachau. Hamburg 2000, 68-85.

Weber, Helmut: Spezielle Moraltheologie. Grundfragen des christlichen Lebens. Graz, Wien, Köln 1999.

Weber, Leonhard Maria: Art. „Homosexualität. II Moraltheologisch." in ²LThK 1960, 468-469.

„Chancengleichheit? – Über den Umgang mit homosexuellen Beschäftigten in Einrichtungen der katholischen Kirche"

von Jana Nitezki, 2011

Abkürzungsverzeichnis

ArbG	Arbeitsgericht
Art.	Artikel
AVO	Arbeitsvertragsordnung
AVR	Arbeitsvertragsrichtlinien
zit. n.	zitiert nach
Herv. i. O.	Hervorhebung im Original
FW	Freie Wohlfahrtspflege
AT	Altes Testament
NT	Neues Testament
DDR	Deutsche Demokratische Republik
BRD	Bundesrepublik Deutschland
WRV	Weimarer Reichsverfassung
EMRK	Europäische Menschenrechtskonvention
EU	Europäische Union
EG	Europäische Gemeinschaft
GG	Grundgesetz
BGB	Bürgerliches Gesetzbuch
f.	folgende
ff.	fortfolgende
Jh. v. Chr.	Jahrhundert vor Christi
Jh. n. Chr.	Jahrhundert nach Christi
n	Gesamtzahl
o. J.	ohne Jahresangabe

Einleitung

„Homosexuelle Ausrichtung ist nicht verbunden mit Sünde, Krankheit. Sie ist eher eine Gabe Gottes, die angenommen und mit Dank gelebt sein soll. Die Menschen wählen nicht ihre sexuelle Ausrichtung. Sie erleben sie als etwas, das ihnen gegeben ist" (Lesbische und Schwule Basiskirche Basel, o.J., zit.n. McNeill, o.J.).

John J. McNeill
- Psychotherapeut, Buchautor und Theologe
- geb. am 02.September 1925 in Buffalo, New York
- veröffentlicht Bücher zum Themenbereich lesbische und schwule Spiritualität
- begleitet Schwule und Lesben als Therapeut
- Mitbegründer von „Dignity" (Vereinigung von katholischen Lesben und Schwulen, USA)

(vgl. Lesbische und Schwule Basiskirche Basel, o. J.)

Die Kirche als Arbeitgeber[96] spielt in Deutschland vor allem im sozialen Bereich eine bedeutsame Rolle. Viele soziale Einrichtungen liegen in den Händen kirchlicher Trägerschaft. In diesen Einrichtungen ist die christliche Ausrichtung allgegenwärtig. Für Mitarbeiter/-innen gelten in Einrichtungen kirchlicher Trägerschaft besondere Anforderungen und Pflichten.

Diese Pflichten einzuhalten gilt für alle Mitarbeiter/-innen gleichermaßen. Der persönlichen Individualität des/der Mitarbeiter/-in wird dabei beinahe keine Gewichtung beigemessen. Insbesondere für Beschäftigte mit Persönlichkeitsmerkmalen, denen die Kirche fraglich gegenübersteht, bedeutet die Erfüllung der Pflichten eine Belastung.

Vielen Menschen ist wohl allgemein bekannt, dass die Kirche homosexuellen Menschen kritisch gegenüber steht. Gespräche mit Bekannten und Freunden während der Vorbereitungsphase auf diese Arbeit machten aber deutlich, dass eine Unwissenheit über die Pflichten der Beschäftigten in kirchlichen Einrichtungen vorherrscht. Insbesondere der Umgang mit homosexuellen

---

[96] Die Begriffe „Arbeitgeber" und „Dienstgeber" beziehen sich in der gesamten Arbeit sowohl auf männliche als auch auf weibliche Personen.

Beschäftigten in Einrichtungen der katholischen Kirche ist vielen Menschen nicht oder nur in geringem Maße bekannt.

Aktualität des Themas

Das Thema Homosexualität und Kirche wird in der Literatur durchaus diskutiert. Aus der Literaturrecherche ergeben sich Erfahrungsberichte von homosexuellen Menschen zu diesem Thema. In diesen Berichten thematisieren homosexuelle Menschen ihre Gedanken bezüglich ihrer Religion. Sie setzen sich mit Grenzen und Problemen innerhalb ihres Glaubens auseinander.

Ebenso bietet die Literatur einen Überblick über die Haltung der katholischen Kirche zum Thema *Homosexualität* allgemein. Verschiedene Autoren diskutieren die kritische Einstellung der Kirche. Es existieren aktuelle Rechtsprechungen zu Arbeitsverhältnissen bei kirchlichen Trägern auf innerdeutscher und europäischer Ebene.

In Bezug auf homosexuelle Beschäftigte in kirchlichen Einrichtungen fehlen jedoch Veröffentlichungen. Es ließen sich keine Erfahrungsberichte von homosexuellen Beschäftigten ausfindig machen. Aus der Literatur geht kaum hervor, mit welchen Problemen diese Menschen konfrontiert werden, welche Aufstiegschancen sich ihnen eröffnen oder eben nicht, wie offen sie mit ihrem Privatleben im Arbeitsalltag umgehen können.

Diese Forschungslücke zu füllen, soll die vorliegende Arbeit einen Beitrag leisten.

Problemstellung

Die Arbeit soll die Aktualität des Themas Homosexualität und Kirche verdeutlichen. Sie soll einen Überblick bieten über die rechtliche Situation, in der sich homosexuelle Beschäftigte in kirchlichen Einrichtungen befinden. Darüber hinaus soll die Arbeit auch den Konflikt ansprechen, der sich für homosexuelle Beschäftigte in kirchlichen Einrichtungen aufzeigt. Sie soll Bezug nehmen auf die Empfindung von homosexuellen Menschen.

Aus dieser Zielsetzung ergibt sich folgende Hauptfragestellung:

Wie gestaltet aktuelle Rechtslage für homosexuelle Mitarbeiter(innen) in Einrichtungen der katholischen Kirche?

Die Hauptfragestellung wird zur Konkretisierung in folgende Teilaspekte untergliedert:

- o Welche dienstlichen Vorgaben gibt es in katholischen Einrichtungen in Deutschland? Wie werden diese umgesetzt?
- o Welche Erfahrungen machen homosexuelle Arbeitnehmer(innen) in katholischen Einrichtungen tatsächlich?
- o Besteht ein Zwiespalt zwischen der homosexuellen Orientierung des (der) Arbeitnehmer(in)s und den Anforderungen des katholischen Arbeitgebers? Welche Wege finden homosexuelle Menschen mit diesem Zwiespalt umzugehen?

Aufbau der Arbeit

Das erste Kapitel der Arbeit widmet sich den Grundlagen und dem rechtlichen Bereich zum Thema katholische Kirche und Homosexualität. In diesem Kapitel wird die katholische Kirche als Arbeitgeber vorgestellt. Dabei wird auf die Größenordnung der Mitgliedszahlen Bezug genommen. Ebenso wird der kirchenrechtliche Bereich näher erläutert. Das Thema Homosexualität nimmt einen großen Teil des ersten Kapitels ein. Es wird dargestellt, wie die katholische Kirche zum Thema Homosexualität steht. Außerdem findet in diesem Kapitel die Auseinandersetzung mit der Beziehung zwischen Kirche und Staat statt.

Im zweiten Kapitel wird anhand zweier Fallbeispiele dargestellt, wie die katholische Kirche bei Vorliegen eines Verstoßes gegen die Dienstordnung in kirchlichen Arbeitsverhältnissen vorgeht.

Das dritte Kapitel widmet sich den Diskriminierungserfahrungen homosexueller Menschen am Arbeitsplatz allgemein.

Im vierten Kapitel dient ein Brief eines homosexuellen Mitarbeiters einer katholischen Einrichtung exemplarisch als Erfahrungsbericht.

Die Arbeit schließt im fünften Kapitel mit einer Zusammenfassung der Ergebnisse und einer Diskussion ab.

Es soll an dieser Stelle darauf hingewiesen werden, dass es sich bei der vorliegenden Arbeit um eine Auseinandersetzung mit der katholischen Kirche und dem Thema Homosexualität handelt. Vergleiche zur evangelischen Kirche werden in keinem Abschnitt der Arbeit herangezogen.

Ebenso bleibt unberücksichtigt, dass es in Deutschland trotz allgemein geltendem Recht durchaus Unterschiede in der Durchsetzung der Pflichten und Obliegenheiten gibt. Die herangezogenen Erfahrungsberichte und Fallbeispiele können somit nur als Beispiele dienen. Sie können nicht auf den gesamtdeutschen Raum übertragen werden.

Grundlagen & Rechtliches: Der Arbeitgeber katholische Kirche

In diesem Abschnitt der Arbeit soll dargelegt werden, welchen Stellenwert die katholische Kirche als Arbeitsgeber im Gesundheits- und Sozialbereich einnimmt. Die Größenordnung aufzuzeigen ist wichtig, um zu verstehen, welche Rolle die katholische Kirche auf dem Arbeitsmarkt spielt. Außerdem wird Bezug genommen auf die Mitgliedszahlen der katholischen Kirche.

Die Freie Wohlfahrtpflege als Gesamtheit aller sozialen Hilfen

„Unter freier Wohlfahrtspflege (FW) versteht man die Gesamtheit aller sozialen Hilfen, die auf freigemeinnütziger Grundlage und in organisierter Form geleistet werden" (Glaubitz, 2011).

Sechs Spitzenverbände sind in der Freien Wohlfahrtspflege organisiert:
- Arbeiterwohlfahrt (AWO)
- Deutscher Caritasverband
- Paritätischer Wohlfahrtsverband
- Deutsches Rotes Kreuz (DRK)
- Diakonisches Werk (DW)
- Zentralwohlfahrtsstelle der Juden in Deutschland (ZWST).

Die kirchlichen Wohlfahrtsverbände zählen zu den größten Arbeitgebern und bedeutenden Wirtschaftsunternehmen in Deutschland. Bundesweit sind 1,54 Millionen Arbeitnehmer(innen) in der Freien Wohlfahrtspflege beschäftigt. Sie steht damit auf der Liste der größten Arbeitgeber deutlich vor den großen Industrieunternehmen Siemens und VW. Diese beschäftigen zum Vergleich 400.000 bzw. 370.000 Mitarbeiter(innen) weltweit. (vgl. Glaubitz, 2011) Die Beschäftigtenzahl in der Freien Wohlfahrtspflege hat sich seit 1970 vervierfacht. Wie der Abbildung 1 zu entnehmen ist, waren 1970 ca. 400.000 Mitarbeiter(innen) in Einrichtungen der Freien Wohlfahrtspflege beschäftigt. Im Jahr 2000 lag die Beschäftigtenzahl bereits bei 1,16 Millionen Menschen und 2008, wie bereits erwähnt bei 1,54 Millionen Arbeitnehmer(innen).

Abbildung 1: Hauptamtliche Mitarbeiter(innen) der Freien Wohlfahrtspflege

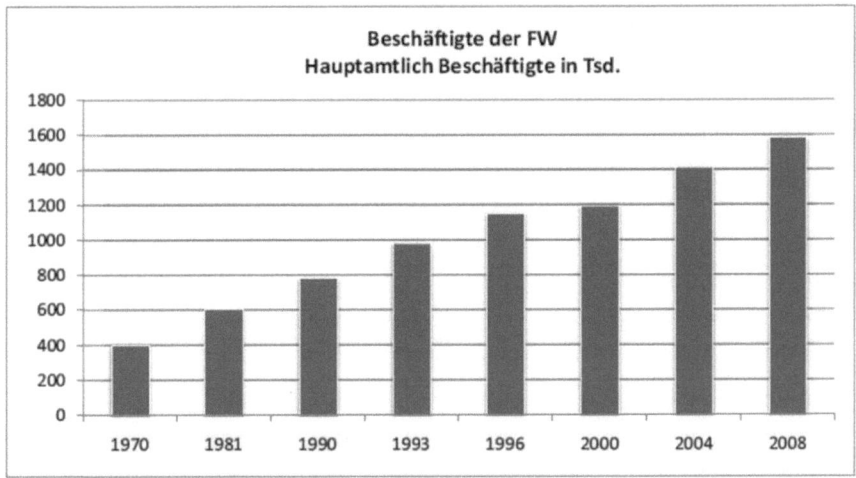

Quelle: eigene Darstellung in Anlehnung an Falter 2010, S. 1

Die Caritas, als Vertreter der katholischen Kirche, nimmt die größte Arbeitgeberrolle unter den Spitzenverbänden der Freien Wohlfahrtspflege ein. Ende 2008 waren insgesamt 507.500 Menschen hauptamtlich bei der Caritas beschäftigt.

Abbildung 2: Beschäftigtenzahl der Verbände der Freien Wohlfahrtspflege

Verband	Hauptamtlich Beschäftigte	Stand
Caritas	507.500	31.12.2008
Diakonie	443.600	01.01.2008
Deutsches Rotes Kreuz	132.000	31.12.2008
AWO	114.600	31.12.2008
Paritätischer Wohlfahrtsverband	7.400	01.01.2008
Vgl. BAGFW (Bundesarbeitsgemeinschaft Freie Wohlfahrtspflege)	1.540.000	01.01.2008

Quelle: eigene Darstellung in Anlehnung an Falter 2010, S. 5

Abbildung 3 unterstreicht die Angaben zu den Beschäftigtenzahlen aus Abbildung 2. Sie stellt darüber hinaus dar, in welchen Fachbereichen des Sozialwesens die Caritas tätig ist. Der größte Fachbereich ist der Kinder- und Jugendhilfebereich. Gesundheitshilfe, Familienhilfe, Altenhilfe und Behindertenhilfe liegen ungefähr im gleichen Größenbereich. Insgesamt unterhält die Caritas in Deutschland ca. 24.500 soziale Einrichtungen. Auffällig ist der Anteil der beschäftigten Frauen. Er liegt bei mehr als 80%, im Kinder- und Jugendhilfebereich sogar bei mehr als 90%. Dies mag zum einen in der traditionellen Entwicklung des kirchlichen Pflege- und Betreuungsdienstes liegen. Pflege- und Betreuungstätigkeit wurden vor allem von Nonnen übernommen. (vgl. Oklitz, o. J.)

Zum anderen wurde der Pflegeberuf vor allem geprägt durch die Kriegszeit. In Lazaretten waren es fast ausschließlich Frauen, die die Pflegetätigkeit unter Weisung des Arztes ausführten. (vgl. Stuve, Krabel, Kasiske, & Schädler, 2005, S. 18)

Diese Prägung setzt sich bis in die Gegenwart fort. Auch in der heutigen Gesellschaft wird Rolle der Pflegekraft vor allem den Frauen zugeschrieben. Die Bezeichnung Krankenschwester wird eher verwendet als der Begriff Krankenpfleger(in). Ein Wechsel vollzieht sich hier nur zögerlich.

Abbildung 3: Auszug aus der Zentralstatistik der Caritas 2008

Zusammenfassung nach Fachbereich und Einrichtungstyp							
			Hauptamtliche Mitarbeiter(innen)				
	Einrichtungen	Betten/Plätze	insgesamt	Vollzeit	Teilzeit	Anteil geringfügig Beschäftigter an Teilzeit	Anteil Frauen
Fachbereiche							
Gesundheitshilfe	2.524	97.365	210.315	102.722	107.593	18,32%	77,88%
Kinder- und Jugendhilfe	11.292	676.297	104.806	43.478	61.328	14,36%	90,89%
Familienhilfe	976	5.055	4.401	920	3.481	15,83%	89,57%
Altenhilfe	3.067	130.115	102.286	31.730	70.556	22,15%	88,13%
Behindertenhilfe/Psychiatrie	2.060	108.125	60.155	26.374	33.781	13,82%	71,02%
Weitere Soziale Hilfen	4.454	20.674	25.514	10.359	15.155	17,25%	67,49%
INSGESAMT	**24.373**	**1.037.631**	**507.477**	**215.583**	**291.894**	**17,80%**	**81,40%**
Einrichtungstypen							
Stationäre Einrichtungen	4.381	311.558	315.897	145.772	170.125	14,59%	79,94%
Tageseinrichtungen	10.761	726.073	108.537	47.469	61.068	13,95%	87,92%
Dienste der offenen Hilfe	8.766		77.893	20.206	57.687	31,65%	78,87%
Aus- und Fortbildungsstätten	465		5.150	2.136	3.014	12,38%	71,50%
INSGESAMT	**24.373**	**1.037.631**	**507.477**	**215.583**	**291.894**	**17,80%**	**81,40%**

Quelle: Deutscher Caritasverband e.V. 2008, S. 8

Mitgliedszahlen katholische Kirche Deutschland und deren Entwicklung

Den gesellschaftlichen Einfluss der katholischen Kirche deutlich zu machen, dient es, hier auf die allgemeinen Mitgliederzahlen der katholischen Kirche hinzuweisen. In Deutschland lebten 2009 ca. 25 Millionen Katholiken. An der Gesamtbevölkerung Deutschlands von ca. 82 Millionen Einwohnern gemessen, macht diese Zahl 30,5% aus. Die meisten Katholiken leben in Bayern. Ihr Anteil nimmt dort, vor allem im Bereich der Städte Regensburg und Passau bis zu 90% ein. Die geringste Anzahl Katholiken leben in den neuen Bundesländern. Teile Brandenburgs, Sachsens und Sachsen-Anhalts haben nur 3-4% katholische Einwohner. Kaum höher ist der Anteil der Katholiken im Norden Brandenburgs, in Berlin, Mecklenburg-Vorpommern und Schleswig-Holstein. In den übrigen Bundesländern Deutschlands liegt der Anteil der Katholiken zur Bevölkerung bei ca. 20-60%. (vgl. Sekretariat der deutschen Bischofskonferenz, 2009, S. 1)

Es wird also deutlich, dass große regionale Unterschiede in den Mitgliedszahlen vorherrschen.

Die Mitgliedszahlen der katholischen, sowie die der evangelischen Kirche sind von einer rückläufigen Tendenz gekennzeichnet. In Abbildung 4 ist der prozentuale Anteil der Religionszugehörigkeiten an der Gesamtbevölkerung ersichtlich. Der Anteil der Katholiken hat von 1990 bis 2008 um ca. 5% abgenommen.
Dieser Mitgliederrückgang wird besonders stark durch Sterbefälle beeinflusst. Der demografische Wandel, das heißt, dass wenigen jungen Menschen immer mehr ältere Menschen gegenüberstehen, ist auch in der Kirche spürbar. Die Anzahl der Taufen und Aufnahmen ist geringer als die Zahl der Sterbefälle. (vgl. Eicken & Schmitz-Veltin, 2010, S. 584)
Des Weiteren wird der Mitgliederrückgang beeinflusst durch Kirchenaustritte.

„Neben weltlichen Gründen (beispielsweise durch die Einführung/Erhöhung der Mehrwertsteuer 1968) ist diese Entwicklung vor allem auf tief greifende Werte- und Einstellungsänderungen insbesondere der jungen Generation seit den späten 1960er-Jahren zurückzuführen" (Eicken & Schmitz-Veltin, 2010, S. 584).

Abbildung 4: Einwohner nach Religionszugehörigkeit

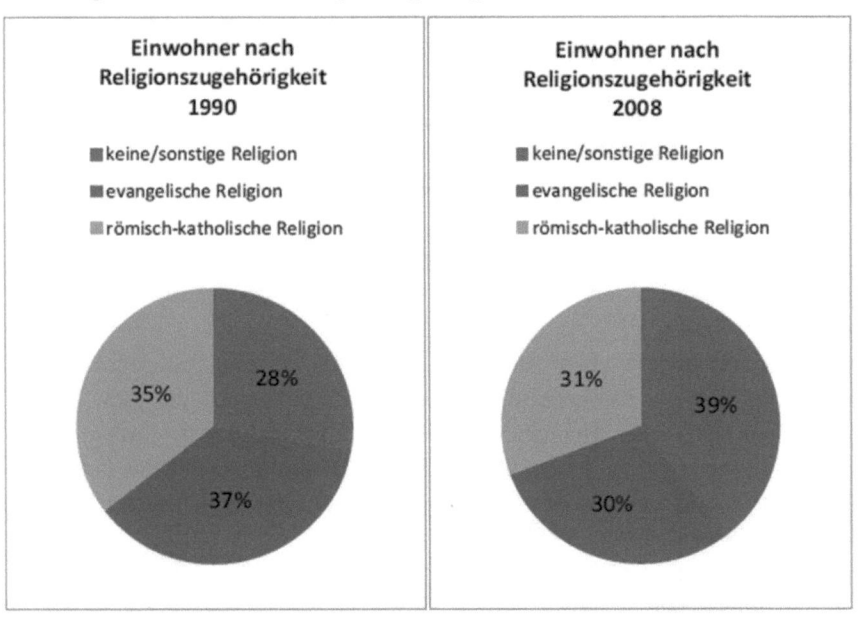

Quelle: eigene Abbildung in Anlehnung an Eicken & Schmitz-Veltin 2010, S. 578

Der Begriff „Homosexualität"

Nachdem beschrieben wurde, welche Bedeutung die katholische Kirche als Arbeitgeber in Deutschland spielt, folgt im nächsten Abschnitt die Auseinandersetzung mit dem Begriff Homosexualität.

Es soll aufgezeigt werden, wie sich dieser Begriff definiert. Die Diskussion über Ursachen der Homosexualität, die vor allem im Hinblick auf die christliche Religion geführt wird, möchte darauffolgend thematisiert werden. Außerdem ist es sinnvoll, die geschichtliche Entwicklung hin zur Gegenwart zu beschreiben.

Vermutungen zu Ursachen für Homosexualität

In der Mitte des 18. Jahrhunderts wurde Selbstbefriedigung als Ursache schwerer Erkrankungen vermutet. Zu diesem Zeitpunkt waren die Ärzte der Meinung, dass sexuelle Praktiken allein der Fortpflanzung dienen und ansonsten unterdrückt werden müssten.

Patienten, die diese Vorgaben nicht einhalten konnten, suchten die Praxen von Psychiatern auf und klagten ihr Leid. Die Psychiater diagnostizierten dieses, nicht der Fortpflanzung dienende Verhalten als pervers. Sie erfanden

> „für jede dieser >>Perversionen<< einen besonderen Begriff [...]: Sadismus und Masochismus, Fetischismus, Transvestitismus, Voyeurismus, Pädophilie und eben auch Bisexualität und Homosexualität (die Frauen wurden als >>Lesben<<, die Männer als >>Homosexuelle<< bezeichnet)" (Wiedemann, 2005, S. 38).

Wiedemann bezieht sich in seinem Buch auf die Ergebnisse einer Untersuchung des Kinsey-Instituts[97] in den USA. Dieses hat vor einigen Jahren alle Erklärungsversuche zur Entstehung der Homosexualität untersucht. Alle Erklärungen bis dahin erwiesen sich als falsch. Homosexualität ist kein Resultat aus Erziehungsfehlern der Eltern.

---

[97] „The Kinsey Institute at Indiana University works towards advancing sexual health and knowledge world- wide. For over 60 years, the institute has been a trusted source for investigating and informing the world about critical issues in sex, gender and reproduction. The Institute was founded in 1947 [...] by pioneering sex researcher Dr. Alfred C. Kinsey" (The Kinsey Institute for Research in Sex, Gender, and Reproduction, Inc., 1996-2011).

Die Forscher des Kinsey-Instituts vergleichen die Entstehung der Homosexualität mit der der Links- und Rechtshändigkeit. Der Mensch trägt die Veranlagung in sich. (vgl. Wiedemann, 2005, S. 41 f.)

In einem Artikel der „Welt am Sonntag" bezieht sich Pia Heinemann auf Erkenntnisse aus Untersuchungen verschiedener Wissenschaftler. Diesen Ergebnissen lagen immer Zwillingsstudien[98] zu Grunde. Angenommen wurde, dass Homosexualität genetische Ursachen hat. Dean Hammer verkündete Anfang der 90er Jahre, das Chromosom entschlüsselt zu haben, das für Homosexualität verantwortlich sei. Dies widerlegten die Neurologen George Rice und George Ebers. Sie konnten keinen Zusammenhang zwischen dem benannten Chromosom und männlicher Homosexualität finden. Forscher des Stockholmer Karolinska-Instituts und der Queen-Mary-Universität in London führten die weltweit größte Zwillingsstudie durch. Sie konnten nun zeigen, dass neben den genetischen Faktoren, das familiäre und gesellschaftliche Umfeld eine Rolle spielt, vor allem aber die individuellen Erfahrungen. Homosexualität sei höchst individuell und mehr als eine genetische Veranlagung. Die Forscher lösen sich heutzutage, immer mehr von dem Wunsch der 90er Jahre, alles mit Hilfe der Genetik erklären zu wollen. (vgl. Heinemann, 2008)

Geschichtlicher Exkurs zur Homosexualität in Deutschland

Das Leben homosexueller Menschen in Deutschland war früher von Ängsten und Sanktionen geprägt. Die Strafbarkeit der männlichen Homosexualität wurde im Jahr 1871 eingeführt und im Paragraphen 175 des Strafgesetzbuches verankert. Die Norm zur Strafbarkeit wurde je- doch stets restriktiv ausgelegt, so dass die Zahl der pro Jahr Verurteilten 600 kaum überstieg. (Kreutzmann, o. J.)

Dies änderte sich als die Nationalsozialisten die Macht ergriffen. Die systematische Verfolgung homosexueller Männer begann 1934. Die homosexuelle Subkultur sollte zerschlagen werden. Die Nationalsozialisten störten sich vor allem an homosexuellen Männern, da diese so wenig dem Bild von einem deutschen soldatischen Mann entsprachen. Homosexuelle wurden

---

[98] Zwillingsmethode: „Arbeitsmethode zur Klärung der Frage, ob u. in welchem Grad ein Merkmal durch die Erbanlagen festgelegt bzw. durch Umweltfaktoren modifiziert ist; beruht auf dem Vergleich der Ähnlichkeit […] des Merkmals bei (erbgleichen) eineiigen Zwillingen, gegenüber (z.T. erbverschiedenen) zweieiigen Zwillingen" (Pschyrembel, 1990, S. 1856).

als „Volksschädlinge" angesehen, da sie nicht zur gewünschten Geburtensteigerung beitrugen. Homosexuelle wurden verfolgt, bedroht und herabgewürdigt. Der Paragraph 175 wurde 1935 verschärft. Eine Berührung genügte nun für eine Verurteilung.

„Die Zahl der Verurteilungen nahm seit 1935 sprunghaft zu. Insgesamt kam es während des NS-Regimes zu etwa 50.000 Verurteilungen wegen homosexueller Handlungen. Die Zahl der Ermittlungsverfahren wird auf 100.000 geschätzt. [...] Eine systematische Verfolgung lesbischer Frauen gab es nicht. Dennoch wurde auch ihre Subkultur durch die Nationalsozialisten zerstört und ihre Lebensform herabgewürdigt" (Rahe, 2010).

1940 verkündete Himmler, dass Homosexuelle, die mehr als einen Partner „verführt" hatten, nach Verbüßung ihrer Haft in ein Konzentrationslager einzuweisen seien.

„Die Zahl der homosexuellen KZ-Häftlinge lag bei 5.000 bis 10.000. Ihre Todesrate wird auf über 50% geschätzt. Damit gehören sie zu den nichtrassisch verfolgten Häftlingsgruppen mit der höchsten Sterblichkeit in den Konzentrationslagern" (Rahe, 2010).

Der Paragraph 175 wurde in der Bundesrepublik Deutschland bis 1969 nicht geändert.

„Auf seiner Basis kam es zwischen 1945 und 1969 zu rund 64.000 Verurteilungen – annähernd so viele wie unter dem NS-Regime" (Rahe, 2010).

Die Deutsche Demokratische Republik (DDR) übernahm 1950 die Regelungen des ursprünglichen Paragraphen 175 der Weimarer Republik. Erst 1968 in der DDR und 1969 in der Bundesrepublik Deutschland (BRD) wurde der Paragraph 175 und somit die Strafbarkeit der Homosexualität aufgehoben. Unter Ärzten und Psychiatern wurde Homosexualität auch nach 1969 noch lange als Krankheit deklariert. Die Weltgesundheits-organisation entschied erst 1990, Homosexualität nicht mehr in der Liste der Krankheiten aufzuführen. (vgl. Rahe, 2010)

Homosexualität heute

Das von der Europäischen Menschenrechtskonvention garantierte Recht auf Achtung des Privatlebens schützt auch das Zusammenleben gleichgeschlechtlicher Menschen. Das Recht auf Achtung des Privatlebens wurde dann noch erweitert. Gleichgeschlechtliche Paare sind nun durch das Recht auf Achtung des Familienlebens geschützt. Die Bestrafung einvernehmlich homosexuellen Handelns zwischen Erwachsenen ist menschenrechtswidrig.

Homosexuelle Paare können auf Grund dieser Gesetzesgrundlage und dem damit verbundenen Einstellungswechsel in der Gesellschaft in Deutschland offen zusammen leben. Am 01.08.2001 trat das „Gesetz über die Eingetragene Lebenspartnerschaft (Lebenspartnerschaftsgesetz – LPartG)" in Kraft. Die ursprüngliche Fassung des Gesetzes war von den Befürchtungen des Gesetzgebers geprägt, dem Eherecht, mit seinem besonderen Schutz zu nahe zu kommen, und somit den verfassungsrechtlichen Bestand des Gesetzes zu gefährden.

> „Ehe und Familie stehen unter dem besonderen Schutz der staatlichen Ordnung" (Art.6 Abs.1, GG).

Das Bundesverfassungsgericht erkannte mit seinem Urteil vom 17.07.2002 an, dass der besondere Schutz der Ehe kein Hindernis darstelle, die Lebenspartnerschaft mit gleichen Rechten auszustatten. (vgl. Bruns, 2010)

Ab dem 01.01.2005 trat in Folge dessen das „Gesetz zur Überarbeitung des Lebenspartnerschaftsrechts" in Kraft, das die Rechte der gleichgeschlechtlichen Lebenspartner noch näher in Richtung Ehe rückte.

Die Einstellung der katholischen Kirche zum Thema *Homosexualität*

Im Gegensatz zu den Fortschritten, die auf inndeutscher und gesellschaftlicher Ebene zu verzeichnen sind, hält die katholische Kirche an traditionellen Sichtweisen fest.

Die Kirche entwickelte im Laufe ihrer Geschichte ein immer differenzierteres Argumentationsgebilde gegen eine Akzeptanz homosexuellen Verhaltens. Die Praxis der Kirche in Bezug auf den Umgang mit Homosexuellen bewegte sich zwischen den Extremen der mittelalterlichen Schwulenverfolgung und der stillschweigenden Akzeptanz homosexueller Lebensweisen (vgl. Knäufl, 2000, S. 21).

Um näher zu erläutern, wie sich die katholische Kirche zum Thema Homosexualität im Einzelnen äußert, wird nachfolgend auf die öffentlich zugänglichen „Verlautbarungen des Apostolischen Stuhls"[99] Bezug genommen. Diese Textauszüge dienen Kirchenmitarbeiter(innen), vor allem Bischöfen und Seelsorger(innen) als Handlungsanweisungen. Sie sollen ihnen Rat geben in fraglichen Themen und Überzeugungen verinnerlichen. Die Verlautbarungen bieten einen umfassenden Einblick in das Denkgefüge der katholischen Kirche.

Verlautbarungen des Apostolischen Stuhls

Die katholische Kirche unterscheidet zwischen homosexueller Neigung und homosexuellen Handeln. Bischöfe geben Seelsorgern die Anweisung, sich um Menschen mit homosexuellen Neigungen besonders zu kümmern, damit eine homosexuelle Tätigkeit verhindert werden kann.

> „Die spezifische Neigung der homosexuellen Person ist zwar in sich nicht sündhaft, begründet aber eine mehr oder weniger starke Tendenz, die auf ein sittlich betrachtet schlechtes Verhalten ausgerichtet ist. […] Deshalb muß [sic] man sich mit besonderem seelsorglichem Eifer der so veranlagten Menschen annehmen, damit sie nicht zu der Meinung verleitet werden, die Aktuierung einer solchen Neigung in homosexuellen Beziehungen sei eine moralisch annehmbare Entscheidung" (Sekretariat der Deutschen Bischofskonferenz, 1986, S. 8).

Sexuelle Handlungen sind nur innerhalb der Ehegemeinschaft zwischen Mann und Frau und allein zum Zwecke der Fortpflanzung zulässig. Wieder ist die homosexuelle Neigung allein nicht verachtet. Sie wird es aber, sobald sich der homosexuelle Mensch auf eine gleichgeschlechtliche sexuelle Handlung einlässt.

> „Die Kirche, die ihrem Herrn gehorsam ist, der sie gegründet und ihr das sakramentale Leben eingestiftet hat, feiert den göttlichen Plan der Liebe und der Leben schenkenden Vereinigung von Mann und Frau im Sakrament der

---

[99] Apostolische Konstitution: „Allg. Päpstliche Verlautbarung in verschiedenen äusseren [sic] Formen, je nach Verbindlichkeit und Anlass des Schreibens, z.B. Dokumente von Konzilien, in der Regel aber Rechtserlasse und Verwaltungsakte der römischen Kurie: […] Glaubens- und Sittenfragen; in feierlicher oder nichtfeierlicher Form, verbindliche aber nicht unfehlbare Äußerungen [sic], rechtliche mit unterschiedlichem Bewertungsgrad" (Kaltefleiter, o.J.).

Ehe. Einzig und allein in der Ehe kann der Gebrauch der Geschlechtskraft moralisch gut sein. Deshalb handelt eine Person, die sich homosexuell verhält, unmoralisch. Sich einen Partner gleichen Geschlechts für das sexuelle Tun auswählen, heißt die reiche Symbolik verungültigen, [...]. Dies will nicht heißen, homosexuelle Personen seien nicht oft großzügig und würden sich nicht selbstlos verhalten; wenn sie sich jedoch auf homosexuelles Tun einlassen, bestärken sie in sich selbst eine ungeordnete sexuelle Neigung, die von Selbstgefälligkeit geprägt ist" (Sekretariat der Deutschen Bischofskonferenz, 1986, S. 6).

Die Bischöfe haben den Inhalt ihrer Verlautbarungen im Laufe der Jahre nicht dem gesellschaftlichen und gesetzlichen Wandel angepasst. Das folgende Zitat zeigt, dass die Kirche weiterhin an ihren traditionellen Sichtweisen festhält. Das Gesetz über die Eingetragene Lebenspartner-schaft trat, wie bereits beschrieben, schon 2001 in Kraft. Das folgende Zitat wurde erst 2005 veröffentlicht bezeichnet homosexuelle Handlungen weiterhin als unsittlichen Verstoß gegen das natürliche Gesetz, das keines Falls gebilligt werden darf.

„Der Katechismus unterscheidet zwischen homosexuellen Handlungen und homosexuellen Tendenzen. Bezüglich der homosexuellen Handlungen lehrt er, dass sie in der Heiligen Schrift als schwere Sünden bezeichnet werden. Die Überlieferung hat sie stets als in sich unsittlich und als Verstoß gegen das natürliche Gesetz betrachtet. Sie können daher in keinem Fall gebilligt werden. Die tiefsitzenden homosexuellen Tendenzen, die bei einer gewissen Anzahl von Männern und Frauen vorkommen, sind ebenfalls objektiv ungeordnet und stellen oft auch für die betroffenen Personen selbst eine Prüfung dar. Diesen Personen ist mit Achtung und Takt zu begegnen; man hüte sich, sie in irgendeiner Weise ungerecht zurückzusetzen. Sie sind berufen, den Willen Gottes in ihrem Leben zu erfüllen und die Schwierigkeiten, die ihnen erwachsen können, mit dem Kreuzesopfer des Herrn zu vereinen" (Sekretariat der deutschen Bischofskonferenz, 2005, S. 7).

Laut Knäufl hat die Kirche die Ergebnisse der neuzeitlichen Forschung zur Kenntnis genommen. Sie arbeitet diese jedoch nicht in ihre Normbegründungen mit ein. Die Verlautbarungen des Heiligen Stuhls bestätigen, dass die Kirche ihrem traditionellen Standpunkt treu bleibt. Knäufl zeichnet sich aber hoffnungsvoll, dass die Kirche vermehrte Milde im Umgang mit homosexuellen Menschen walten lässt. (vgl. Knäufl, 2000, S. 29)

Was er der Kirche weiterhin vorwirft, ist der fehlende Dialog mit den homosexuellen Menschen selbst. Amtskirchliche Verlautbarungen wenden sich an Kirchenmitarbeiter(innen). Die Kirche spricht nicht mit den homosexuellen Menschen sondern über sie. *"Die Betroffenen selbst werden nicht berücksichtigt und zu keinem Dialog geladen"* (Knäufl, 2000, S. 22).

Homosexualität in der Bibel

Die Ursprünge der kirchlichen Haltung zum Thema Homosexualität lassen sich aus der Bibel entnehmen. Auch wenn Homosexualität sowohl im Alten Testament[100] (AT) als auch im Neuen Testament[101] (NT) kein eigenständiges Thema darstellt, wird es doch immer wieder erwähnt. Mahlke bezieht sich in seinem Referat auf dem Kirchenkreistag des Kirchenkreises Dannenberg am 21.9.2000 auf Textabschnitte der Bibel im Zusammenhang mit Homosexualität. Im Folgenden wird Bezug auf sein Referat genommen.

Homosexualität wird in der Bibel nicht als eigenständiges Thema benannt. Dennoch wird Homosexualität im AT als Sünde gesehen, die mit der Steinigung zu bestrafen ist (vgl. Mahlke, 2000, S. 3).

Homosexualität stellt laut Bibel eine Straftat dar, die zu bestrafen ist. Auch, wenn die Bibel in vielen Fällen einen gewissen Interpretationsspielraum zulässt, ist diese Anmerkung doch sehr eindeutig. Mahlke nimmt auch auf die Schöpfungsgeschichte Bezug. Schon in der christlichen Entstehungsgeschichte der Menschheit sind nur Mann und Frau vorgesehen. Diese gehören als Paar zusammen.

> „AT Gen 1,26f.: 'Dann sprach Gott: Wir wollen Menschen machen nach unserem Bilde, uns ähnlich; die sollen herrschen über die Fische... So schuf Gott den Menschen nach seinem Bilde; nach Gottes Bild schuf er ihn; als Mann und Frau schuf er sie'" (Mahlke, 2000, S. 3).

---

[100] Das Alte Testament: „Das Christentum entstand vor 2000 Jahren eigentlich als Sekte (Abspaltung einer religiösen Splittergruppe) des Judentums. Die Christen übernahmen die Heilige Schrift der Juden unter dem Titel Altes Testament" (Luzem, 2004).

[101] Das Neue Testament: „umfasst die Zusätze zur jüdischen Bibel, die das Spezifische (Besondere, Unter- scheidende) des Christentums gegenüber dem Judentum enthalten. Grob gesagt geht es darin um Jesus von Nazareth, [...] um seine Lehre sowie um die Ausbreitung und die Interpretation (Auslegung) seiner Botschaft in den ersten paar Jahrzehnten nach seinem Tod" (Luzem, 2004)

Mahlke kritisiert eben diese Gegebenheit. Menschen mit Behinderungen, Kranke und alleinstehende Menschen sind laut seiner Auffassung ausgeschlossen. Ihnen wird das vollkommene Menschsein abgesprochen. Dieser Aussage im Alten Testament schreibt er eine Diskriminierung der benannten Personengruppen zu. (vgl. Mahlke, 2000, S. 3)

In Bezug auf das Neue Testament erwähnt er eine Textpassage, die erschließen lässt, in welche Kategorie homosexuelle Menschen eingestuft werden. Auch diese Kategorisierung lässt wenig Interpretationsspielraum zu.

> „Im NT 1. Kor 6,9 und 1. Tim 1,10 stehen Homosexuelle im Lasterkatalog neben Ehe- brechern, Götzendienern, Dieben, Mördern, Menschenhändlern und denen, die einen Meineid schwören" (Mahlke, 2000, S. 4).

Staat und Kirche

In diesem Abschnitt wird das Verhältnis zwischen Staat und Kirche von der Geschichte bis in die Gegenwart erläutert. Darauffolgend werden die gesetzlichen Bestimmungen vorgestellt, die für das Rechtssystem der Kirche von Bedeutung sind.

Staat und Kirche in der geschichtlichen Entwicklung

Die Anfänge der Kirche in Deutschland liegen in der Zeit des römischen Reiches (5. Jh. v. Chr. - 5. Jh. n. Chr.). Bereits diese Zeit war geprägt durch ein weites Spektrum des Verhältnisses zwischen Kirche und Staat. Es reichte von der Verfolgung der Kirche bis hin zu einer engen Verbindung.

Im Mittelalter (5. bis 15. Jh.) gestaltete sich die Beziehung zwischen Kirche und Staat in einem Zusammenspiel verschiedener Aufgabenkreise. Könige wurden durch Bischöfe gekrönt. Könige übertrugen im Gegenzug den Bischöfen die weltlichen Güter und Rechte, sogenannte Regalien. Wichtige Regalien waren beispielsweise das Jagd- und Fischereiregal, das Marktregal oder die Hoheit über Verkehrswege.

Die Neuzeit (16. bis 19. Jh.) wurde geprägt durch die Säkularisation. Bis 1806 herrschte ein Religionsfrieden. Dieser wurde mit Beginn der Säkularisation gebrochen. Durch den Reichsdeputationshauptschluss wurde festgelegt, die Landesherren zu entschädigen, die von der Abtretung der linksrheinischen Gebiete an Frankreich betroffen waren. Die geistlichen Fürstentümer im Reich wurden aufgehoben. Zudem gingen fast alle Stifte und Klöster in den Besitz der weltlichen Fürsten über. (vgl. Pfnür, 2005, S. 2 ff.)

Die Kirche verlor ihren politischen Einflussbereich. Bischöfe und Äbte verloren ihre politische Herrschaftsgewalt. Es existierte fortan die Staatskirchenhoheit. Festgeschrieben wurden aber die Leitprinzipien Religionsfreiheit und Parität. (vgl. Hollerbach, 1989, S. 9)

Ihren Höhepunkt sollte die Auflehnung des Staates gegen die Kirche im Kulturkampf (1871-1914) erreichen. Reichskanzler Otto Fürst von Bismarck wollte die strikte Trennung von Kirche und Staat erreichen. Er erhoffte sich die Verdrängung der katholischen Kirche aus allen politischen Entscheidungsprozessen. Im Zuge dieser Auflehnung wurden Bischöfe abgesetzt und inhaftiert. Angehörige von Orden wurden aus dem Schuldienst entfernt. Die Kirche wurde in innerkirchlichen Angelegen-heiten bevormundet und aus ihren Einflussbereichen zurückgedrängt. (vgl. Pfnür, 2005, S. 13)

Nach dem Ende des Kulturkampfes beruhigte sich die Beziehung zwischen Staat und Kirche wieder.

Während der Novemberrevolution 1918 vollzog sich in Deutschland ein Wandel der Staatsform. Das Deutsche Reich wandelte sich von einer konstitutionellen Monarchie[102] in eine parlamentarisch-demokratische Republik. Religionsgemeinschaften erwarben im Zuge dessen die Rechtsfähigkeit nach den Normen des allgemeinen Rechts. Sie ordnen und verwalten ihre Angelegenheiten selbst innerhalb der Schranken des für alle geltenden Rechts. Diese Absichten wurden in Länderkonkordaten[103] und Staatskirchenverträgen festgehalten. Außerdem wurden gesetzliche Bestimmungen in der Weimarer Reichsverfassung verankert.

Diese überdauerten die Zeit des Nationalsozialismus. Sie wurden in das Grundgesetz übernommen und dort durch weitere Artikel ergänzt.

---

[102] Konstitutionelle Monarchie: Die Gewalt des Staatsoberhaupts (Monarch) ist durch eine Verfassung (Konstitution) beschränkt. Die Volksvertretung (Parlament) ist an der Gesetzgebung beteiligt. (vgl. F.A. Brockhaus, 2005, S. 685)

[103] Konkordat: „Vertrag zur Regelung grundsätzlich aller Gegenstände gemeinsamen Interesses zw. dem Hl. Stuhl und einem Staat" (F.A. Brockhaus, 2005, S. 567).

Die Rechtsquellen der Kirche

Die grundsätzlichen Rechtsnormen der Kirche in Bezug auf das Arbeitsrecht finden Anwendung in Artikel 4 und 140 des Grundgesetzes. Neben diesen beiden Artikeln bezieht sich das Grundgesetz auch in Artikel 7 Abs. 2, 3 und 5 (Schulwesen – Religionsunterricht) und 33 Abs. 3 (Staatsbürgerliche Rechte – Rechte unabhängig von dem religiösen Bekenntnis) auf kirchenrechtliche Angelegenheiten.

Auf Artikel 3 (Gleichheit vor dem Gesetz) wird in Verbindung mit dem Allgemeinen Gleichbehandlungsgesetz (AGG) unter 8.2. gesondert Bezug genommen.

In Abbildung 5 werden die für die Fragestellung dieser Arbeit relevanten Artikel 4 und 140 GG aufgeführt. Der Inhalt der beiden Artikel bildet den Rahmen für die Grundsätze der kirchenarbeitsrechtlichen Angelegenheiten und soll hier deshalb in Auszügen wortgetreu übernommen werden.

Abbildung 5: Die Rechtsquellen der Kirche

Grundgesetz (GG)	Art. 4: 1) Die Freiheit des Glaubens, des Gewissens und die Freiheit des religiösen und weltanschaulichen Bekenntnisses sind unverletzlich. (2) Die ungestörte Religionsausübung wird gewährleistet.	Art. 140: Die Bestimmungen der Artikel 136, 137, 138, 139 und 141 der deutschen Verfassung vom 11. August 1919 sind Bestandteil dieses Grundgesetzes
Weimarer Reichsverfassung (WRV)	Artikel 137: Es besteht keine Staatskirche. Die Freiheit der Vereinigung zu Religionsgesellschaften wird gewährleistet. Der Zusammenschluß [!] von Religionsgemeinschaften innerhalb des Reichsgebiets unterliegt keinen Beschränkungen. Jede Religionsgesellschaft ordnet und verwaltet ihre Angelegenheiten selbständig innerhalb der Schranken des für alle geltenden Gesetzes. Sie verleiht ihre Ämter ohne Mitwirkung des Staates oder der bürgerlichen Gemeinde. Religionsgesellschaften erwerben die Rechtsfähigkeit nach den allgemeinen Vorschriften des bürgerlichen Rechtes. Die Religionsgesellschaften bleiben Körperschaften des öffentlichen Rechtes soweit sie solche bisher waren. Anderen Religionsgesellschaften sind auf ihren Antrag gleiche Rechte zu gewähren, wenn sie durch ihre Verfassung und die Zahl ihrer Mitglieder die Gewähr der Dauer bieten. Schließen sich mehrere derartige öffentlich-rechtliche Religionsgesellschaften zu einem Verbande zusammen, so ist auch dieser Verband eine öffentlich-rechtliche Körperschaft. Die Religionsgesellschaften, welche Körperschaften des öffentlichen Rechtes sind, sind berechtigt, auf Grund der bürgerlichen Steuerlisten nach Maßgabe der landesrechtlichen Bestimmungen Steuern zu erheben. Den Religionsgesellschaften werden die Vereinigungen gleichgestellt, die sich die gemeinschaftliche Pflege einer Weltanschauung zur Aufgabe machen. Soweit die Durchführung dieser Bestimmungen eine weitere Regelung erfordert, liegt diese der Landesgesetzgebung ob.	

Quelle: eigene Abbildung; Inhalt (Art. 4, Abs. 1 & 2 GG; Art. 140 GG; Art. 137 WRV)

Die Caritas als Arbeitgeber

Die Caritas ist ein so genannter Tendenzbetrieb[104]. Tendenzbetriebe genießen den Tendenzschutz. Das Betriebsverfassungsgesetz findet in Tendenzbetrieben keine Anwendung (§118 BetrVG). Sie regeln ihre arbeitsrechtlichen Angelegenheiten autonom, ohne Beteiligung des Staats (siehe 5.2. Die Rechtsquellen der Kirche).

Die Arbeit im kirchlichen Dienst orientiert sich nicht nur an der Tätigkeit des Einzelnen. Jede(r) Mitarbeiter(in) ist mit seiner (ihrer) Profession Bestandteil der Dienstgemeinschaft. (vgl. Bürgel, Albers, Leiniger, & Michels, 2006, S. 11)

Die Dienstgemeinschaft bildet sich aus den Dienstgebern (Arbeitgebern) und den Dienstnehmern (Mitarbeiter(innen)). Die Grundlage des Arbeitsverhältnisses bildet der Dienstvertrag. Auf der einen Seite ist die Arbeit im kirchlichen Dienst eine notwendige Arbeit zur Sicherung des Lebensunterhalts. Auf der anderen Seite ist sie jedoch weit mehr als das. Mitarbeiter(innen) der Kirche arbeiten als Gesandte ihrer Religion. Sie vollbringen ihre Arbeit im Sinne der Grundsätze der Kirche. Im kirchlichen Dienst geht es weniger um Gewinnoptimierung als um die Teilhabe am Heilswerk Christi. Caritas bedeutet im Lateinischen Nächsten- liebe. (vgl. Becker-Freyseng & Schwendele, 2010, S. 11) Bereits die Namensgebung deutet auf die Werte der kirchlichen Arbeit hin.

Die Caritas in der geschichtlichen Entwicklung

Die Caritas wurde am 9. November 1897 in Köln gegründet. Gründer war der junge Priester Lorenz Werthmann. Der Caritasverband engagierte sich auf vielen Gebieten sozialer Not. Für Saisonarbeiter, Seeleute, Tippelbrüder, Trinker, Behinderte, Geschlechtskranke setze er sich ein, ebenso für Kindergärten, Fürsorgeerziehung, Mädchenschutz, Kranken-pflege und Frauenfragen. 1916 legitimierten die deutschen Bischöfe den Caritasverband als Sozialdienst der katholischen Kirche und sicherten ihm ihre Förderung zu. Während der 1920er Jahre entstand ein beachtliches Netz von Ausbildungs-

---

[104] „[…] Unternehmen und Betriebe, die unmittelbar und überwiegend politischen, koalitionspolitischen, konfessionellen, karitativen, erzieherischen, wissenschaftlichen oder künstlerischen Bestimmungen […] dienen"(§ 118; BetrVG).

stätten für soziale Berufe und Fortbildungs-möglichkeiten für die Mitarbeiter des Verbandes.

Während der nationalsozialistischen Diktatur überlebte der Deutsche Caritasverband kontrolliert und überwacht durch das zähe, vorsichtige und kluge Verhandeln des mittlerweile eingesetzten Präsidenten Benedict Kreutz. Nach dem zweiten Weltkrieg war der Caritasverband (neben dem neu gegründeten Hilfswerk der Evangelischen Kirche) als einzige überregionale Organisation sofort arbeitsfähig und kümmerte sich um die Not leidende Bevölkerung.

Ende der 50er-Jahre wurde die deutsche Caritas erstmals in der internationalen Not- und Katastrophenhilfe tätig. Heute leistet Caritas international als Teil des Deutschen Caritasverbandes die Not- und Katastrophenhilfe für die Länder Europas und der Dritten Welt. (vgl. Deutscher Caritas Verband e.V., o. J.)

Die Grundordnung des kirchlichen Dienstes

Das Arbeitsverhältnis und die damit verbundenen Pflichten und Rechte der Mitarbeiter(innen) im kirchlichen Dienst begründen sich in der Grundordnung des kirchlichen Dienstes im Rahmen kirchlicher Arbeitsverhältnisse. Die Grundordnung wurde von den Diözesan-Bischöfen definiert und trat 1994 in Kraft. Sie bietet das Fundament für den kirchlichen Dienst der katholischen Kirche und ihrer Caritas. (vgl. Becker-Freyseng & Schwendele, 2010, S. 22)

Die Grundordnung des kirchlichen Dienstes besteht aus 10 Artikeln, die hier kurz aufgelistet und im Anschluss erläutert werden sollen.

Artikel 1: Grundprinzipien des kirchlichen Dienstes

Die Mitarbeiter(innen) werden dazu verpflichtet, sich an der Glaubens- und Sittenlehre der katholischen Kirche zu orientieren. Sie sollen dazu beitragen, dass die Einrichtung, in der sie arbeiten ihren Sendungsauftrag der Kirche erfüllen kann. (vgl. Becker-Freyseng & Schwendele, 2010, S. 22 f.)

Artikel 2: Geltungsbereich

In diesem Artikel wird erklärt, für wen die Grundordnung gilt. Sie gilt für Mitarbeiter(innen) in katholischen Einrichtungen. Auf die Aufzählung der Einzelnen soll hier verzichtet werden. (vgl. Becker-Freyseng & Schwendele, 2010, S. 23)

Artikel 3: Begründung des Arbeitsverhältnisses

Der Dienstgeber soll bei Einstellung eines(r) Mitarbeiter(in)s darauf achten, dass diese(r) im Regelfall der katholischen Kirche angehört. Dies ist von besonderer Bedeutung, wenn eine erzieherische oder leitende Position besetzt werden soll. Der (die) Bewerber(in) darf sich nicht kirchenfeindlich betätigen oder gar aus der Kirche ausgetreten sein. Der Dienstgeber muss durch Befragung oder Aufklärung herausfinden, ob der (die) Bewerber(in) dazu bereit ist, die Loyalitätspflichten (Art.4) zu erfüllen. (vgl. Becker-Freyseng & Schwendele, 2010, S. 23 f.)

Artikel 4: Loyalitätsobliegenheiten

In Bezug auf die Pflichten der Mitarbeiter(innen) wird eine dreifache Abstufung vorgenommen.

Katholische Mitarbeiter(innen) müssen die Grundsätze der katholischen Glaubens- und Sittenlehre anerkennen und beachten. Dies gilt insbesondere für Mitarbeiter(innen) im pastoralen, katechetischen und erzieherischen Dienst, sowie für leitende Mitarbeiter(innen).

Von nicht katholischen aber christlichen Mitarbeiter(innen) wird erwartet, dass sie die Werte des Evangeliums achten und dazu beitragen, sie in der Einrichtung zur Geltung zu bringen. Nichtchristliche Mitarbeiter(innen) müssen bereit sein, die ihnen übertragenen Auf- gaben im Sinne der Kirche zu erfüllen. (vgl. Becker-Freyseng & Schwendele, 2010, S. 24)

Artikel 5: Verstöße gegen die Loyalitätsobliegenheiten

Hier wird der Maßstab für die Sanktionierung bei Loyalitätsverstößen festgelegt. Der Dienstgeber hat in einem solchen Falle die Aufgabe, ein Beratungsgespräch mit dem (der) Mitarbeiter(in) zu ersuchen. Im einzelnen Fall ist zu klären, ob außerdem eine Abmahnung, ein Verweis oder eine andere Maßnahme (z.B. Versetzung) nötig sind. Eine Kündigung kommt nur als letztes Mittel, bei schweren Loyalitätsverstößen in Betracht.

Die katholische Kirche sieht insbesondere folgende Loyalitätsverstöße als schwerwiegend an:

- Kirchenaustritt
- schwerwiegende persönliche sittliche Verfehlungen und öffentliches Eintreten gegen Grundsätze der katholischen Kirche (z.B. Abtreibung)
- Abschluss einer nach dem Glaubensverständnis und der Rechtsordnung der Kirche ungültigen Ehe (Eingetragene Lebenspartnerschaft oder Wiederheirat nach Scheidung)
- Handlungen, die als eindeutige Distanzierung von der katholischen Kirche zu sehen sind (öffentliche Gotteslästerung, Hervorrufen von Hass und Verachtung gegen Religion und Kirche, Straftaten gegen die kirchlichen Autoritäten und die Freiheit der Kirche)

Ob eine Kündigung im Falle eines schwerwiegenden Loyalitätsverstoßes nötig wird, ist davon abhängig, in welcher Position der (die) Mitarbeiter(in) beschäftigt ist. Pastoral, katechetisch beschäftigten oder leitenden Mitarbeiter(innen) wird eine Weiterbeschäftigung schneller versagt als anderen. Berücksichtigt wird das Ausmaß der Gefährdung der Glaubwürdigkeit, die Art der Einrichtung, die Belastung der Dienstgemeinschaft, der Charakter der übertragenden Aufgabe, deren Nähe zum kirchlichen Verkündungsauftrag sowie die Art und das Gewicht des Verstoßes.

Allen Mitarbeiter(innen), egal welcher Position droht aber die Kündigung, wenn sie aus der Kirche austreten. (vgl. Becker-Freyseng & Schwendele, 2010, S. 25 f.)

Artikel 6: Koalitionsfreiheit:

Die Koalitionsfreiheit besagt, dass Mitarbeiter(innen) im kirchlichen Dienst das Recht haben, sich einer Vereinigung, z.B. einer Gewerkschaft oder einem Berufsverband anzuschließen und sich darin zu betätigen. Diese Vereinigung muss die Loyalitätspflichten des kirchlichen Dienstes anerkennen. (vgl. Becker-Freyseng & Schwendele, 2010, S. 27)

Artikel 7: Beteiligung der Mitarbeiterinnen und Mitarbeiter an der Gestaltung ihrer Arbeitsbedingungen

Rechtsnormen für den Inhalt der Arbeitsverträge werden durch Kommissionen beschlossen, die aus Vertretern der Dienstgeber und Vertretern der Dienstnehmer paritätisch besetzt sind. Tarifverhandlungen mit Gewerkschaften, Streiks und Aussperrungen passen nicht zum Selbstverständnis des kirchlichen Dienstes. (vgl. Becker-Freyseng & Schwendele, 2010, S. 27) Die katholische Kirche in Deutschland hat im Zuge dessen ein eigenes Arbeitsrechtssystem geschaffen, das als Dritter Weg bezeichnet wird. Es sichert die Interessensvertretung der Mitarbeiter(innen) und bezieht sich auf alle Belange des kirchlichen Dienstes. (vgl. Deutscher Caritasverband e.V., o.J.)

Artikel 8: Mitarbeitervertretungsrecht als kirchliche Betriebs-verfassung

Mitarbeiter(innen) wählen Mitarbeitervertretungen, die an Entscheidungen des Dienstgebers beteiligt werden. (vgl. Becker-Freyseng & Schwendele, 2010, S. 28)

Artikel 9: Fort- und Weiterbildung

Mitarbeiter(innen) haben Anspruch auf Fort- und Weiterbildungen. (vgl. Becker-Freyseng & Schwendele, 2010, S. 28)

Artikel 10: Gerichtlicher Rechtschutz

Mitarbeiter(innen) haben einen Anspruch auf den gerichtlichen Rechtsschutz durch die staatlichen Arbeitsgerichte. Bei Rechtsstreitigkeiten auf den Gebieten der kirchlichen Ordnungen für ein Arbeitsvertrags- und Mitarbeiter- und Mitarbeiterinnenvertretungsrecht werden unabhängige kirchliche Gerichte gebildet. (vgl. Becker-Freyseng & Schwendele, 2010, S. 28 f.)

Die Arbeitsvertragsrichtlinien

Auf Grund der den Kirchen, in Art. 140 GG zugesprochenen verfassungsrechtlichen Autonomie, wäre es den Kirchen möglich, die Tarifbedingungen einseitig zu gestalten. Die Dienstgeber könnten demnach die Arbeitsbedingungen festlegen, sie anweisen. Dieser sogenannte „Erste Weg" findet Anwendung in den Arbeitsverhältnissen von Beamten. Die Kirche lehnt diese einseitige Gestaltung der Arbeitsbeziehungen allgemein ab.

Der „Zweite Weg" findet im Kirchenarbeitsverhältnis ebenso wenig Anwendung. Er würde die Regulierung der Arbeitsbeziehungen durch den Abschluss von Tarifverträgen vorsehen.

Die Kirche bevorzugt überwiegend den „Dritten Weg" (siehe Art. 7 der Grundordnung des kirchlichen Dienstes). Die Arbeitsvertragsbedingungen werden in Kommissionen ausgehandelt. Diese sind paritätisch durch Dienstnehmer- und Dienstgebervertreter besetzt. Die Kommissionen beschließen die Arbeitsvertragsrichtlinien (AVR). (vgl. Hensche, 2010)

Die Arbeitsvertragsrichtlinien bilden die Grundlage für Arbeitsverhältnisse bei der Caritas. Die AVR dient als Regelwerk für das Arbeitsverhältnis. Sie bezieht sich mit ihren Bestimmungen auf die Grundordnung des kirchlichen Dienstes. Sie regelt alle Belange der Mitarbeiter(innen) zu den Themen: Dienstvertrag, Arbeitszeit, Urlaubszeit, Fortbildungen, Vergütung, Probezeit, Kündigungsfrist usw. Die AVR muss in jeder Einrichtung für die Mitarbeiter(innen) frei zugänglich ausliegen. (vgl. Becker-Freyseng & Schwendele, 2010, S. 61)

Fallbeispiele:
Beispiele für den Umgang der katholischen Kirche mit Loyalitätsverstößen

Bisher wurde in dieser Arbeit dargestellt, welche Bedeutung die katholische Kirche als Arbeitgeber in Deutschland einnimmt, welche geschichtliche Entwicklung die soziale Arbeit der katholischen Kirche durchlaufen hat und auf welche gesetzlichen Grundlagen sich die kirchlichen Arbeitsbeziehungen stützen. Des Weiteren wurde aufgezeigt, wie die katholische Kirche zum Thema Homosexualität steht und welche Verpflichtungen ein(e) Mitarbeiter(in) mit Abschluss eines Dienstvertrages eingeht.

Im nächsten Kapitel soll dargestellt werden, wie das Regelwerk der katholischen Kirche in die Praxis umgesetzt wird. Anhand zweier Rechtsfälle soll veranschaulicht werden, in welcher Form die katholische Kirche von ihren Rechtsmitteln Gebrauch macht und welche Rolle der Staat als Gesetzgeber in diesen Fällen einnimmt.

Der erste Fall handelt von einem homosexuellen Sozialpädagogen, der von seinem katholischen Arbeitgeber gekündigt wurde, als sein Profil in einem Internetportal für schwule Männer entdeckt wurde.

Der zweite Fall handelt von einem Chorleiter einer katholischen Pfarrgemeinde. Er wurde gekündigt, weil er nach seiner Scheidung wieder heiratete. Dieser Fall steht nicht unmittelbar in Bezug zum Thema Homosexualität. Er ist aber wegen seiner umfangreichen Darstellung in der Öffentlichkeit dazu geeignet, die Konsequenzen bei Verletzung der Loyalitätspflichten zu veranschaulichen.

Der Fall Kolpingwerk

Vorgeschichte

Der Sozialpädagoge Uwe Schneider[105] ist seit über 25 Jahren bei verschiedenen Organisationen des Kolpingwerkes beschäftigt.

Das Kolpingwerk ist ein eingetragener Verein. Er steht ein für die Förderung der religiösen, jugendpflegerischen, volksbildenden und beruflichen Erziehungs- und Bildungstätigkeit sowie mildtätige Aufgaben. Das Arbeitsverhältnis zwischen Uwe Schneider und dem Kolpingwerk regelt sich nach der Arbeitsvertragsordnung (AVO) der Diözese (Ort anonymisiert). Die AVO ist ein Regelwerk für Beschäftigte im kirchlichen Dienst in der Diözese. Sie nimmt jedoch nicht unmittelbar Bezug auf die Grundordnung des kirchlichen Dienstes im Rahmen kirchlicher Arbeitsverhältnisse. (vgl. ArbG Frankfurt, 2007, S. 2)

Anfang 2006 wurde Uwe Schneider von einem Kollegen in einem Internetportal für homosexuelle Männer, www.gayromeo.com entdeckt. Dieser Kollege tauschte sich mit anderen Mitarbeiter(innen) über seine Entdeckung aus. Schließlich erfuhr auch der Geschäftsleiter von dem Profil

---

[105] Der Name ist frei erfunden. Das Urteil lag nur in anonymisierter Form vor, da das Verfahren nicht öffentlich war.

des Uwe Schneider und somit von seiner Homosexualität. (vgl. ArbG Frankfurt, 2007, S. 3)

Die Eintragungen im Profil, die besonders hervorzuheben waren:

Beziehung: Ich habe einen Partner

Suche: Sexdate, Freunde (User zwischen 18 und 28)

Beruf: keine Angabe

Religion: keine Angabe

Uwe Schneider erhielt am 09.10.2006 die fristlose Kündigung. (vgl. ArbG Frankfurt, 2007, S. 5)

Der Arbeitsgerichtsprozess

Uwe Schneider klagte vor dem Arbeitsgericht Frankfurt am Main gegen seine Kündigung. Er war der Ansicht, dass die Kündigung unwirksam und diskriminierend sei. Ihm wurde lediglich aufgrund seiner Homosexualität gekündigt. Uwe Schneider vertrat die Meinung, dass es sich bei dem Nutzerprofil um eine Privatangelegenheit handelte, die keinen Einfluss auf sein Arbeitsverhältnis nehmen würde. Eine Verletzung von Loyalitätspflichten könnte somit nicht vorliegen. Die Grundordnung des kirchlichen Dienstes im Rahmen kirchlicher Arbeitsverhältnisse würde außerdem keine Anwendung finden. (vgl. ArbG Frankfurt, 2007, S. 6)

Die Gegenseite, das Kolpingwerk beantragte die Klage abzuweisen. Die Homosexualität Uwe Schneiders sei nicht der Kündigungsgrund gewesen. Das Kolpingwerk war aber der Ansicht, dass Uwe Schneider seine Homosexualität durch sein Profil auf www.gayromeo.com in nicht hinnehmbarer Weise in der Öffentlichkeit präsentiert hatte. Diese Darstellung widerspräche der Glaubens- und Sittenlehre der katholischen Kirche. Eine Weiterbeschäftigung wäre ausgeschlossen, da Uwe Schneider mit seinem Verhalten zu einer Gefährdung der Glaubwürdigkeit der Einrichtung beigetragen hatte. Das Kolpingwerk bezog sich bei seiner Argumentation auf die Grundordnung des kirchlichen Dienstes im Rahmen kirchlicher Arbeitsverhältnisse. Das Kolpingwerk merkte an, dass Uwe Schneider nicht dazu fähig sei, Jugendliche und junge Erwachsene im Sinne des katholischen Gedankenguts zu erziehen, da er selbst sexuelle Kontakte aus einer festen Partnerschaft heraus suchte. Das Kolpingwerk sah die Gefahr, dass Uwe Schneider auch sexuelle Kontakte zu jugendlichen Bewohnern der Einrichtung suchen könnte. Sein Verhalten hätte zu einem Autoritätsverlust geführt. (vgl. ArbG Frankfurt, 2007, S. 7 f.)

Die Entscheidung des Arbeitsgerichts Frankfurt am Main

Die Klage war vollumfänglich begründet. Uwe Schneider bekam in allen Punkten Recht. Die Kündigung war unwirksam. Das Arbeitsverhältnis musste fortgesetzt werden. Das Kolpingwerk wurde verurteilt, an Uwe Schneider den Differenzbetrag zwischen Arbeitslosengeld und eigentlicher Lohnhöhe seit seiner Kündigung zu zahlen. Der Wert des Streitgegenstandes wurde auf ca. 25.000 Euro festgesetzt. Das Kolpingwerk musste außerdem die Verfahrenskosten zu 89 Prozent tragen. (vgl. ArbG Frankfurt, 2007, S. 1; 8)

Zu den Entscheidungsgründen des Arbeitsgerichts

a. Es lagen keine Verletzungen der Loyalitätspflichten vor, da die Grundordnung des kirchlichen Dienstes im Rahmen kirchlicher Arbeitsverhältnisse nicht berücksichtigt werden konnte. In der AVO wurde kein Bezug zur Grundordnung hergestellt.

Uwe Schneider ist nicht Arbeitnehmer(innen) der katholischen Kirche sondern eines eingetragenen Vereins. Dieser Verein ist somit nicht vom Geltungsbereich der Grundordnung erfasst. (vgl. ArbG Frankfurt, 2007, S. 11)

b. Eine fristlose Kündigung war nicht gerechtfertigt, da kein wichtiger Grund dafür vorlag. Der Arbeitgeber ist nicht berechtigt, eine fristlose Kündigung auszusprechen, wenn nicht klar ist, in welcher Weise das Verhalten des Mitarbeiters oder der Mitarbeiterin das Arbeitsverhältnis berührt. Das Kolpingwerk hatte diesen Punkt nicht aus- reichend dargelegt. Allein aus einer Missbilligung der Umstände aus dem Privatleben Uwe Schneiders heraus ist eine fristlose Kündigung unzulässig.

Das Arbeitsgericht fügte hier an, dass der Arbeitgeber, selbst als Tendenzbetrieb, nicht zum Sittenwächter der Arbeitnehmer(innen) berufen ist. (vgl. ArbG Frankfurt, 2007, S. 13)

c. Die Homosexualität an sich konnte eine Kündigung nicht rechtfertigen. Sie gehört zur grundgesetzlich geschützten Privat- und Intimsphäre. (Art.2 Abs.1 GG & Art. 1 Abs. 1 GG) (vgl. ArbG Frankfurt, 2007, S. 15)

d. Auch das Profil im Internet gehört zur Privat- und Intimsphäre eine(r)s Arbeitnehmer(in)s. Im Verhalten Uwe Schneiders ist kein Bezug zu seinem Arbeitsverhältnis zu erkennen. Das Kolpingwerk hätte seine Argumentation in Bezug auf das Profil nicht ausreichend dargelegt. Selbst wenn das Kolpingwerk als Tendenzbetrieb anzusehen wäre, würde die grundgesetzlich geschützte Privat- und Intimsphäre Uwe Schneiders über dem Recht des Kolpingwerkes auf Einhaltung der kirchlichen Sittenlehre im Privatleben stehen. (vgl. ArbG Frankfurt, 2007, S. 14)

e. Die Angaben im Profil zum Beziehungsstatus und zur Suche stellten ebenfalls keinen Zusammenhang zum Arbeitsverhältnis dar. Es war unerheblich, ob sich Uwe Schneider zum Zeitpunkt der Kündigung in einer festen Beziehung befand.

Auch in diesem Falle würde der Arbeitgeber, selbst wenn er ein Tendenzbetrieb wäre, die Grundrechte Uwe Schneiders verletzen, wenn er Vorgaben treffen würde, die ihn dazu zwingen, monogam zu leben. (vgl. ArbG Frankfurt, 2007, S. 15 f.)

f. Die Autorität Uwe Schneiders würde durch das Onlineprofil keines Wegs in Frage gestellt. Das Gericht merkt an, dass die Vorstellung überholt sein sollte, eine öffentlich bekannt gemachte Homosexualität würde zu einer Erpressbarkeit des Betroffenen führen. Die Autorität dürfte außerdem eher von der Erfahrung, dem Fachwissen und dem Verhalten Uwe Schneiders abhängen. (vgl. ArbG Frankfurt, 2007, S. 16)

Besonders hervorzuheben sei hier noch die Anmerkung des Arbeitsgerichts, dass unverständlich sei, wie der Beklagte darauf käme, dass homosexuelle Mitarbeiter grundsätzlich dazu neigen würden, sexuelle Beziehungen zu Personen unter 18 Jahren knüpfen zu wollen. (vgl. ArbG Frankfurt, 2007, S. 17)

Das Arbeitsgericht Frankfurt am Main führte noch weitere Entscheidungsgründe auf. Die wichtigsten aber seien hier genannt. Das Urteil ist ein wegweisendes für homosexuelle Mitarbeiter(innen) in kirchlichen Einrichtungen. Auch wenn in diesem Fall der Arbeitgeber ein eingetragener Verein ist, in dem die Grundordnung des kirchlichen Dienstes im Rahmen kirchlicher Arbeitsverhältnisse keine Anwendung findet, so nahm das Arbeitsgericht doch immer auch Bezug auf eben diese kirchlichen Arbeitsverhältnisse. Das Arbeitsgericht verglich des Öfteren die Grundrechte eine(r)s Arbeitnehmer(in)s mit den Rechten des kirchlichen Arbeitgebers. Dabei wurde immer deutlich, dass das Gericht den Grundrechten eine höhere Bedeutung zusprach. Dieses Urteil wird auch deshalb auf zukünftige Entscheidungen Einfluss nehmen.

Der Fall Bernd Schüth

Vorgeschichte

Bernhard Schüth wurde 1957 geboren. Er ist deutscher Staatsbürger. Seit Mitte der 1980er Jahre ist er bei der katholischen Pfarrgemeinde St. Lambertus in Essen als Organist und Chorleiter angestellt. 1994 trennt er sich von seiner Frau. Seit 1995 lebt er mit seiner neuen Partnerin zusammen. Als seine neue Partnerin schwanger ist, erzählen seine Kinder das im Kindergarten. (vgl. Kanzlei des Europäischen Gerichtshofs für Menschenrechte, 2010)

Der Verlauf des Rechtstreits

Katholische Kirchengemeinde Essen

Der Dekan der Gemeinde führte nach Bekanntwerden der Beziehung und der Schwangerschaft im Juli 1997 zunächst ein Gespräch mit Bernd Schüth. Die Gemeinde sprach ihm schon einige Tage später die Kündigung mit Wirkung ab April 1998 aus. Er hätte gegen die Grundordnung der katholischen Kirche verstoßen, weil er außerhalb der von ihm geschlossenen Ehe mit einer anderen Frau zusammenlebte. Da diese Frau von ihm ein Kind erwartete, habe er nicht nur Ehebruch begangen, sondern sich auch der Bigamie schuldig gemacht. (vgl. Kanzlei des Europäischen Gerichtshofs für Menschenrechte, 2010)

Arbeitsgericht Essen

Bernd Schüth klagte vor dem Arbeitsgericht Essen gegen seine Kündigung. Das Gericht erklärte die Kündigung mit Urteil vom Dezember 1997 für ungültig. (vgl. Kanzlei des Europäischen Gerichtshofs für Menschenrechte, 2010)

Landesarbeitsgericht

Das Landesarbeitsgericht Düsseldorf bestätigte das Urteil zunächst.

Bundesarbeitsgericht

Das Bundesarbeitsgericht hob das Urteil jedoch auf und verwies den Fall zurück. Nach Auffassung des Bundesarbeitsgerichts hätte das Landesarbeitsgericht den Dekan der Gemeinde anhören müssen. Es hätte prüfen müssen, ob der Dekan in einem persönlichen Gespräch versucht hatte, Herrn Schüth zur Beendigung seines außerehelichen Verhältnisses zu bewegen. Das Gericht unterstrich, dass die von der katholischen Kirche geforderte Pflicht zur ehelichen Treue der Rechtsordnung nicht widerspreche. (vgl. Kanzlei des Europäischen Gerichtshofs für Menschenrechte, 2010)

Nach der Zurückverweisung wies das Landesarbeitsgericht die Klage Herrn Schüths im Februar 2000 ab. Die Kirchengemeinde hätte Herrn Schüth nicht ohne Verlust jeglicher Glaubwürdigkeit weiterbeschäftigen können Die Revision zum Bundesarbeitsgericht blieb erfolglos. Im Juli 2002 entschied das Bundesverfassungsgericht unter Berufung auf sein Grundsatzurteil vom 4. Juni 1985, die Verfassungs-beschwerde Herrn Schüths nicht zur Entscheidung anzunehmen. (vgl. Kanzlei des Europäischen Gerichtshofs für Menschenrechte, 2010)

Europäischer Gerichtshof für Menschenrechte

Bernd Schüth hatte nun alle Instanzen der deutschen Arbeitsgerichtsbarkeit ohne Erfolg durchlaufen. Er entschied sich, eine Beschwerde über die Weigerung der deutschen Arbeitsgerichte, seine Kündigung aufzuheben beim Europäischen Gerichtshof für Menschenrechte einzulegen. Dies tat er am 11. Januar 2003.

Er berief sich auf Artikel 8 der Europäischen Menschenrechtskonvention, das Recht auf Achtung des Privat- und Familienlebens. (vgl. Kanzlei des Europäischen Gerichtshofs für Menschenrechte, 2010)

Die Entscheidung des Europäischen Gerichtshofs für Menschenrechte

Der Europäische Gerichtshof für Menschenrechte bemängelte, dass das Landesarbeitsgericht in seiner Entscheidung lediglich die Meinung der katholischen Kirche übernommen hatte. Die Argumentation der katholischen Kirche lautete, dass sie Herrn Schüth nicht weiter beschäftigen könne, ohne an Glaubwürdigkeit zu verlieren. Das Landesarbeitsgericht hatte diese Begründung nicht weiter ausgeführt. (vgl. Kanzlei des Europäischen Gerichtshofs für Menschenrechte, 2010)

Weiterhin wurde bemängelt, dass das Landesarbeitsgericht den Schutz des Privat- und Familienlebens nicht zum Gegenstand der Verhandlung gemacht hatte. Es wurde immer nur das Interesse Herrn Schüths auf Weiterbeschäftigung gegen das Recht der Kirche als Arbeitgeber abgewogen. Das Landesarbeitsgericht hätte das Recht auf Achtung des Privat- und Familienlebens prüfen müssen. (vgl. Kanzlei des Europäischen Gerichtshofs für Menschenrechte, 2010)

Der Gerichtshof erkannte an, dass Herr Schüth mit Unterzeichnung des Arbeitsvertrags gegenüber der Katholischen Kirche eine Loyalitätsverpflichtung eingegangen ist, die sein Recht auf Achtung des Privatlebens in gewissem Maße einschränkte. Seine Unterzeichnung des Vertrages konnte aber nicht als eindeutiges Versprechen verstanden werden, im Fall einer Trennung oder Scheidung ein enthaltsames Leben zu führen. Die deutschen Arbeitsgerichte hatten kaum berücksichtigt, dass es keine Medienberichterstattung über seinen Fall gegeben hatte und dass er, nach 14 Jahren im Dienst der Gemeinde, die Position der Katholischen Kirche offenbar nicht angefochten hatte. Der Gerichtshof gab zu berücksichtigen, dass Herr Schüth mit seiner spezifischen Qualifikation kaum Chancen hätte, einen neuen Arbeitsplatz außerhalb der Kirche zu finden. Der Gerichtshof befand, dass die Abwägung der deutschen Arbeitsgerichte zwischen den Rechten Herrn Schüths und denen des kirchlichen Arbeitgebers nicht in Übereinstimmung mit der Konvention vorgenommen worden war. Der Gerichtshof kam einstimmig zu dem Schluss, dass im Fall Schüth eine Verletzung von Artikel 8 vorlag. (vgl. Kanzlei des Europäischen Gerichtshofs für Menschenrechte, 2010)

Schlussfolgerungen aus den Fallbeispielen

Die beiden Fallbeispiele zeigen auf, dass die katholische Kirche durchaus bestrebt ist, von ihren Rechten Gebrauch zu machen. Die Vertiefung und Diskussion dieser Sachlage findet in der Zusammenfassung dieser Arbeit statt.

Schutz vor Diskriminierung

In diesem Abschnitt wird dargestellt, welche Voraussetzungen in den letzten Jahren geschaffen wurden, um eine Diskriminierung von Menschen zu vermeiden. Dazu ist es angebracht, einen kurzen Exkurs in das europäische Recht zu machen. In diesem Zuge wird der Weg zu den Vorgaben im deutschen Rechtssystem gehen und es wird insbesondere das Allgemeine Gleichbehandlungsgesetz zur Sprache kommen.

EU Recht und Richtlinien

Die Europäische Gemeinschaft (EG) richtet sich mit Rechtsvorschriften an die Mitgliedsstaaten der EU. Diese Rechtsvorschriften werden als Richtlinien formuliert und gelten nicht unmittelbar. Die Mitgliedsstaaten können Gesetze, die zur Erfüllung der in den Richtlinien enthaltenen Ziele nötig sind, selbst entwickeln. (vgl. Weißflog & Bug, 2007, S. 8) Sie sind verpflichtet, diese Richtlinien innerhalb eines bestimmten Zeitraums in das innerstaatliche Recht umzusetzen.

„Die Richtlinie 2000/78/EG zur Festlegung eines allgemeinen Rahmens für die Verwirklichung der Gleichbehandlung in Beschäftigung und Beruf" führte dazu, dass Deutschland ein Gesetz entwickeln musste, das Arbeitnehmer(innen) vor Diskriminierung schützt. Dieses Gesetz heißt Allgemeines Gleichbehandlungsgesetz und wurde am 14.08.2006 verabschiedet.

Allgemeines Gleichbehandlungsgesetz (AGG)

„Ziel des Gesetzes ist, Benachteiligungen aus Gründen der Rasse oder wegen der ethnischen Herkunft, des Geschlechts, der Religion oder Weltanschauung, einer Behinderung, des Alters oder der sexuellen Identität zu verhindern oder zu beseitigen" (§ 1 AGG).

Schwerpunkt des AGG ist der Diskriminierungsschutz in Beschäftigung und Beruf. Aber auch Regelungen zu sozialen Vergünstigungen, Zugang zu und die Versorgung mit Gütern und Dienstleistungen, die der Öffentlichkeit zur Verfügung stehen, einschließlich des Wohnraums, fallen in den Anwendungsbereich des AGG. (vgl. § 2 AGG)

Wie schon erwähnt liegt der Schwerpunkt des AGG im Diskriminierungsschutz von Arbeitnehmer(innen). Das Diskriminierungsverbot findet jedoch nicht ausnahmslos auf alle Arbeitgebern Anwendung. § 9 AGG ermöglicht eine Ausnahme in Bezug auf das Verbot von Benachteiligung wegen Religion oder Weltanschauung.

„[…] ist eine unterschiedliche Behandlung wegen der Religion oder der Weltanschauung bei der Beschäftigung durch Religionsgemeinschaften, die ihnen zugeordneten Einrichtungen ohne Rücksicht auf ihre Rechtsform oder durch Vereinigungen, die sich die gemeinschaftliche Pflege einer Religion oder Weltanschauung zur Aufgabe machen, auch zulässig, wenn eine bestimmte Religion oder Weltanschauung unter Beachtung des Selbstverständnisses der jeweiligen Religionsgemeinschaft oder Vereinigung im Hinblick auf ihr Selbstbestimmungsrecht oder nach der Art der Tätigkeit eine gerechtfertigte berufliche Anforderung darstellt" (AGG, 2006, S. § 9 Abs.1).

Das kirchliche Selbstverständnis rechtfertigt eine unterschiedliche Behandlung von Mitarbeiter(innen) der Kirche im Gegensatz zu anderen Arbeitnehmer(innen)(innen). Kirchliches Selbstverständnis geht dem kirchlichen Selbstbestimmungsrecht voraus. Die kirchliche Arbeit ist charakterisiert durch das karitative Wirken. Religionsgemeinschaften haben das Recht auf freie Entfaltung und Wirksamkeit der Religionsausübung in der Welt. Diesem kirchlichen Selbstverständnis folgt das Selbstbestimmungsrecht, das in Art. 140 GG verankert ist und auch im AGG berücksichtigt werden muss. (vgl. Schoenauer, 2010, S. 69)

So ist können Kirchen verlangen, dass der Lebensstil des Einzelnen dem Glauben der Religionsgemeinschaften entspricht. Es existiert ein Diskriminierungsprivileg der Kirchen. Das AGG hat in Tendenzbetrieben wie der Kirche seine Grenzen. Es sei im kirchlichen Bereich eine stumpfe Waffe. (vgl. Friedrich, 2007, S. 6)

Kompetenzmangel der EU?

In Bezug auf das europäische Recht gilt der Grundsatz des Anwendungsvorrangs. Europäisches Recht geht vor nationales Recht. Es stellt sich die Frage, warum die Mitgliedstaaten im kirchenrechtlichen Bereich dennoch so viel Gestaltungsspielraum haben, dass wie im Falle Deutschlands, das AGG den § 9 enthalten kann, der den Kirchen eine Ausnahme von den Gleichbehandlungspflichten einräumt.

Die europäischen Verträge geben keine explizierten Regelungen für den Umgang des Staates mit den Kirchen vor. Dies ist zum einen zurückzuführen auf die fehlende ausdrückliche Zuweisung zur Regelung einer Rechtmaterie. Das Prinzip der begrenzten Einzelermächtigung gibt vor, dass die EU eine Regelung nur aufstellen darf, wenn die Mitgliedsstaaten sie mit der Zuständigkeit beauftragt haben. (vgl. Art. I-11 Europäische Verfassung)

Zum anderen hat sich die EU verpflichtet, die Vielfalt der Kulturen, Religionen und Sprachen zu achten. (vgl. Art. II-82 Europäische Verfassung) Sie nimmt Rücksicht auf die unterschiedlich ausgeprägten religionsverfassungsrechtlichen Systeme und staatskirchenrechtlichen Ausprägungen und Besonderheiten in den Mitgliedsstaaten. Diese machen eine allgemeingültige Vorschrift in Bezug auf ein einheitliches Religionsrecht bzw. Staatskirchenrecht unmöglich. (vgl. Schoenauer, 2010, S. 105)

Die Auskleidung des kirchenrechtlichen Bereichs ist also jedem Mitgliedsstaat und somit in Deutschland der Kirche selbst überlassen. Die Chance von Beschwerdeführern besteht allerdings darin, sich über die deutschen Gerichtsinstanzen hinaus an den Europäischen Gerichtshof für Menschenrechte zu wenden. Voraussetzung dafür ist, dass der Betroffene bereits alle innerstaatlichen Rechtsbehelfe ausgeschöpft hat. (vgl. Gräber-Seißinger; Müller-Foell, & Peuker, 2007, S. 162)

Der Fall Bernd Schüth ist ein anschauliches Bespiel dafür, welche Bedeutungen Entscheidungen auf EU-Ebene haben. Obwohl die Kirche in Deutschland das Recht hat, ihren rechtlichen Bereich selbst auszugestalten, dürfen diese Ausgestaltungen nicht gegen die Grundrechte der EU verstoßen.

Zur Diskriminierung Homosexueller am Arbeitsplatz

Im kirchlichen Dienst ist Homosexualität ein Tabuthema. Wer offen zu seiner homosexuellen Orientierung steht, läuft Gefahr in Loyalitätskonflikte zu geraten. Aber auch in Arbeitsverhältnissen des nichtkirchlichen Bereichs ist man weit davon entfernt, homosexuelle Menschen als normale Kolleg(inn)en anzuerkennen. Homosexuelle Menschen machen Ausgrenzungs- und Diskriminierungserfahrungen. Im nächsten Abschnitt sollen diese Erfahrungen näher thematisiert werden.

Dazu werden die Ergebnisse einer Studie vorgestellt, die Dominic Frohn, ein Psychologe, der auch als Coach zu Konflikten rund um das Thema sexuelle Identität arbeitet, durchgeführt hat. Er befragte homosexuelle Arbeitnehmer(innen) zu ihren Diskriminierungserfahrungen im Berufs-alltag.

Out im Office?!

Out im Office?! heißt die Studie, für die Dominic Frohn 2230 homosexuelle Menschen zu ihren Diskriminierungserfahrungen am Arbeitsplatz befragte. Die Ergebnisse wurden 2007 veröffentlicht. Sie zeigen zusammenfassend auf, dass 75 Prozent der Befragten angeben, Ungleichbehandlung erfahren zu haben. 52 Prozent der Befragten halten ihre sexuelle Orientierung geheim.

Ursachen für die große Anzahl von Diskriminierungserfahrungen liegen laut Frohn vor allem in der heutigen gesellschaftlichen Entwicklung.

„Es gibt derzeit ein großes Bedürfnis nach Stabilität und Sicherheit, das auch in der Abgrenzung gegenüber Minderheiten Aus- druck findet" (Schäfer 2011, S. 94, zit. n. Frohn 2007).

Einige Ergebnisse der Studie sollen hier exemplarisch als Verdeutlichung dienen:

a. Offenheit bezüglich sexueller Identität

Mit wie vielen Ihrer Kollegen(innen) sprechen Sie offen über Ihre sexuelle Orientierung?

Abbildung 6: Offenheit am Arbeitsplatz bzgl. sexueller Identität

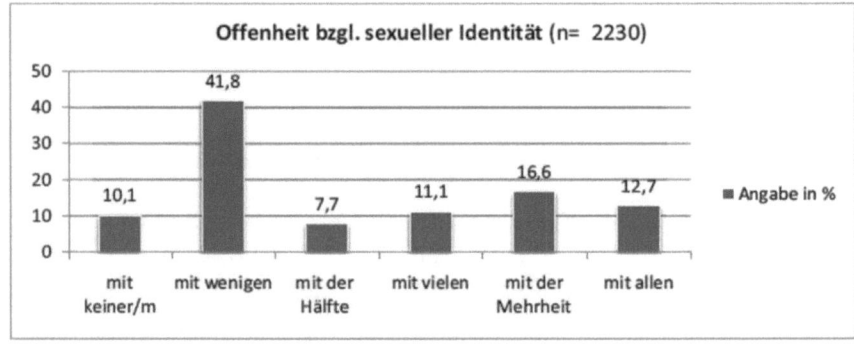

Quelle: eigene Abbildung in Anlehnung an (Frohn, 2007, S. 4)

b. Faktoren der Organisation, die die Offenheit beeinflussen

Mitarbeiter/-innen in traditionellen Branchen haben größere Schwierigkeiten, offen mit ihrer sexuellen Orientierung umzugehen. Je traditioneller das Unternehmen ist, desto schwerer fällt den Mitarbeiter/-innen das Outing.

In konservativen Branchen gehen nur 17 Prozent offen mit ihrer sexuellen Orientierung um. Beim Militär und bei der Bundeswehr sind es sogar nur 14,3 Prozent. In nicht konservativen Branchen hingegen liegt die Anzahl der Befragten mit offenem Auftreten bei 30 Prozent.

Außerdem wird der offene Umgang mit sexueller Identität durch die Größe des Unternehmens beeinflusst. In Unternehmen, die bis zu 50 Mitarbeiter/-innen beschäftigen liegt die Anzahl der Mitarbeiter/-innen, die sich nicht outen bei 40 Prozent. In Unternehmen mit 50 bis 1000 Beschäftigten liegt die Anzahl bei 52 Prozent und in Unternehmen mit mehr als 1000 Mitarbeiter/-innen sogar bei 56 Prozent. Die Unternehmenskultur beeinflusst die Offenheit bezüglich der sexuellen Identität maßgeblich. Je freundlicher die Unternehmenskultur bezüglich gleichgeschlechtlicher Lebensweisen, desto mehr Befragte können offen mit ihrer sexuellen Orientierung umgehen. (vgl. Frohn, 2007, S. 6 f.)

c. Ungleichbehandlung und Diskriminierung

Anzahl der Arbeitnehmer(innen) mit Diskriminierungserfahrungen:

Abbildung 7: Diskriminierungsindex

Diskriminierungsindex (n=2230)
- keine: 22,5
- mäßig: 41,6
- hoch: 25,9
- sehr hoch: 10

(Anzahl in %)

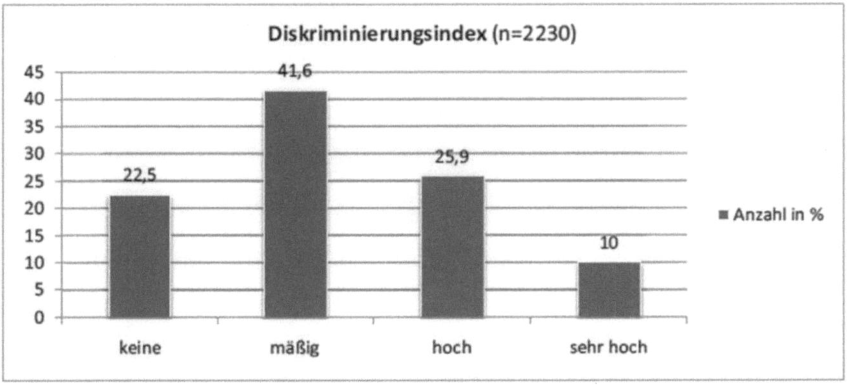

Quelle: (Frohn, 2007, S. 14)

Nur 22, 5 Prozent der Befragten geben an, an ihrem Arbeitsplatz keine Diskriminierung erlebt zu haben. Insgesamt liegt die Anzahl der Arbeitnehmer(innen) mit Diskriminierungserfahrungen bei 77,5 Prozent.

Abbildung 8: Erfahrungen mit Diskriminierung am Arbeitsplatz 1

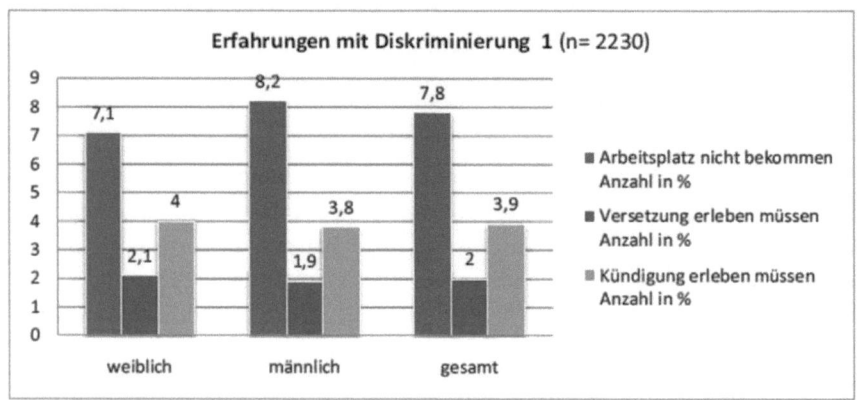

Quelle: (Frohn, 2007, S. 12)

Abbildung 9: Erfahrungen mit Diskriminierung am Arbeitsplatz 2

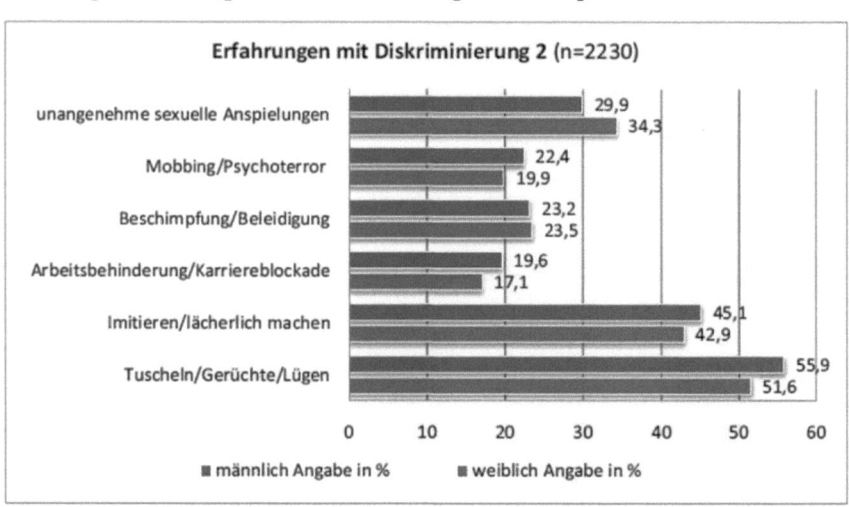

Quelle: eigene Abbildung in Anlehnung an (Frohn, 2007, S. 13)

Der Abbildung 9 ist zu entnehmen, dass mehr als die Hälfte aller Diskriminierungen aus verbalen Äußerungen bestehen. Homosexuelle Beschäftigte bemerken Tuschleien, Gerüchte und Lügen. Fast ein Drittel der homosexuellen Menschen machte negative Erfahrungen in Bezug auf sexuelle Anspielungen. Dabei ist das Geschlecht des Diskriminierungs-opfers fast unerheblich. Jede(r) fünfte Homosexuelle machte im Laufe seines Berufslebens Erfahrungen mit Psychoterror und Mobbing.

Erfahrungsberichte zum Thema Homosexualität und Kirche

In diesem Abschnitt der Arbeit sollen Erfahrungen homosexueller Menschen mit der katholischen Kirche thematisiert werden.

Der erste Beitrag zeigt in Auszügen die Ergebnisse einer Interviewstudie von Christian Knäufl. Christian Knäufl ist studierter katholischer Theologe. Er unterhielt sich mit schwulen Männern über ihre Religion. Er interessierte sich vor allem dafür, welche Bedeutung die Kirche für diese Menschen hat und welche Wege sie finden, ihren Glauben trotz gedank-licher und realer Barrieren zu leben.

Im zweiten Beitrag wird ein Brief eines homosexuellen Wohngruppen-leiters in einer katholischen Einrichtung in Auszügen wiedergegeben.

Interviewstudie Erfahrungen schwuler Männer und Kirche

Die Beziehung schwuler Männer zur Kirche ist charakterisiert durch Verschwiegenheit und Widersprüche. Knäufl beschreibt die Ohnmacht in die homosexuelle Menschen in Bezug auf ihren Glauben empfinden als „Lebensgefühl der Grauheit" (Knäufl, 2000, S. 11). Im Zuge einer Studie führte er Interviews mit drei homosexuellen Männern zu folgenden Leitfragen:

- Du stehst heute als Schwuler zu deiner sexuellen Orientierung. War das schon immer so? Was war die Kirche in dieser Zeit für dich?
- Hast du die Kirche irgendwann einmal als behindernd für dein Coming-out erlebt? Hat sie dich unterstützt? (v.a. Frage nach Praxis)
- Weißt du, wie die Kirche zu Homosexuellen steht? (Frage nach kirchlichen Stellungnahmen)

- Was bedeutet heute für dich Kirche in Bezug auf dein Schwul Sein?
- Hast du Wünsche an die Kirche? (vgl. Knäufl, 2000, S. 75)

Soweit es möglich ist, die Ergebnisse der Interviews von Christian Knäufl auf ein Allgemeinbild zu übertragen, lässt sich festhalten, dass schwule Männer kaum Möglichkeiten sehen, ihre homosexuelle Orientierung mit den Auffassungen der Kirche zu vereinen. Sie sind wie gelähmt von der geschichtlichen Einstellung der Kirche zur Homosexualität. Homosexuelle Menschen wehren sich kaum gegen die Auffassung der Kirche. Sie haben im Laufe ihrer sexuellen Entwicklung gelernt mit der ablehnenden Haltung der Kirche zu leben. „Sie lernen zu leben oder zu überleben angesichts eines kirchlichen und gesellschaftlichen 'Du bist nicht o.k. so, wie du fühlst. Du bist ein Sünder'" (Knäufl, 2000, S. 11).

Homosexuelle erlernen auf Grund dieser Umstände, verschwiegen mit ihrer Orientierung umzugehen. Daraus resultiert, dass sie sich selbst lange Zeit ihres Lebens nicht als vollkommene Person annehmen können. (vgl. Knäufl, 2000, S. 11)

Der erste Interviewpartner, Olaf[106], berichtet, sich in jungen Jahren gegen ein Outing in der Kirchengemeinde entschieden zu haben. Er befürchtete, seine Heimat zu verlieren. Olaf stand im Zwiespalt zwischen tiefer Heimaterfahrung innerhalb der kirchlichen Jugendgruppe und der Entdeckung seiner Homosexualität. Beide Bereiche waren aber nicht miteinander zu vereinbaren. Olaf entdeckte seine Homosexualität als Andersartigkeit. Ein Konflikt auf Grund der Unvereinbarkeit seiner Gedanken mit den Auffassungen der Kirche begann sich anzubahnen. (vgl. Knäufl, 2000, S. 87 f.)

Schwule Männer in der Kirchengemeinde fürchten sich vor Ausgrenzung und Einsamkeit. Sie haben Angst, sich auch nur einigen Personen mitzuteilen. Denn die Informationen bleiben meist nicht bei diesen Personen sondern ziehen ihre Kreise hinaus in die gesamte Kirchengemeinde. Homosexuelle müssen sich deshalb nicht nur mit den Menschen auseinander setzen, die ihnen unmittelbar beggenen. Sie müssen immer an die an den größeren Rahmen und die Konsequenzen denken. Dies führt dazu, dass sich homosexuelle Menschen in der Kirche davor scheuen, zu ihrer Orientierung zu stehen. (vgl. Knäufl, 2000, S. 89)

---

[106] Name geändert

Der Frage nachgehend, welche Wege homosexuelle Menschen gehen, ihren Platz in der Kirche zu finden, zeigt sich im Interview mit Olaf eine Möglichkeit auf. Olaf nahm in seiner Kirchengemeinde durchaus eine schwulenfeindliche Atmosphäre wahr. Er kann sie nicht genau benennen, findet auch keine verbalen Beispiele dafür. „Sie schien wie eine Wolke über der Gemeinde zu schweben" (Knäufl, 2000, S. 89). Dadurch, dass die feindliche Atmosphäre nicht an Beispielen festgemacht werden konnte, gelang Olaf immer wieder, ein Zweifel an seinen Wahrnehmungen zuzulassen. Er verdrängte das Gefühl der Ablehnung und ersetze es durch die Hoffnung auf bessere Erfahrungen. Diese Bewältigungsstrategie fand ihr Ende, als Olaf zum ersten Mal eine öffentliche Verlautbarung des Papstes zum Thema Homosexualität wahrnahm. Diese ablehnende Äußerung des Papstes führte dazu, dass Olafs Vorahnung von offizieller Seite bestätigt wurde. Er fand nun keinen Weg des Ausweichens und Hoffens mehr. (vgl. Knäufl, 2000, S. 91)

In Folge dessen schuf er sich andere Strategien, mit dem Thema umzugehen. Olaf trennte gedanklich die Kirche, die er wahrnimmt von den Aussagen des Papstes. Er sprach dem Papst die Autorität ab. „Naja, der Papst sagt, was ein Papst so sagt" (Knäufl, 2000, S. 92). Er bezog die Aussagen des Papstes nicht direkt auf sich persönlich. Der Papst hatte auf ihn keinen Einfluss mehr. Er wurde einfach übergangen. (vgl. Knäufl, 2000, S. 92) Dieses Verhalten zeigte wieder, dass Olaf gewillt war, die Realität zu verdrängen um seine Berechtigung auf einen Platz in der Kirchengemeinde beizubehalten. Homosexuelle Orientierung und Kirche können scheinbar nicht miteinander kooperieren.

Ein weiteres Indiz für die Unvereinbarkeit von Homosexualität und Kirche sind die Aussagen Olafs zum Umgang mit dem Thema in seiner Schwulengruppe. Über Kirche und Homosexualität wurde in der Schwulengruppe nicht gesprochen. „Jeder, der in dieser Schwulen- gruppe einmal angekommen ist, [hat] die Kirche bereits hinter sich gelassen […]" (Knäufl, 2000, S. 96) Dieses schweigende Verhalten wurde aber weniger als ein Abschluss gesehen. Es war mehr wie eine Vereinbarung, die einzelnen Erlebnisse und Geschichten in Bezug auf die ablehnende Haltung der Kirche im Moment nicht anzusprechen. (vgl. Knäufl, 2000, S. 96)

Für Olaf besteht die Hoffnung, dass die Kirche sich als Ort öffnet, an dem alle Menschen einen Platz finden. Er denkt dabei nicht nur an homosexuelle Menschen sondern an alle Menschen, die einer oder mehrerer Randgruppen angehören. Für den Umgang der Kirche mit homosexuellen Menschen findet

Olaf einen drastischen Vergleich. Die Kirche selektiert die nicht systemkonform denkenden und lebenden Menschen ähnlich wie der Staat während des Zweiten Weltkriegs im Zuge der Judenverfolgung.

„[…] diese Rampen in den Konzentrationslagern, wo entschieden wurde, wer kommt ins Gas und […] wer darf noch arbeiten […] wo selektiert wird andauernd, die, die dazupassen [sic], die, die nicht dazupassen [sic]. dieses faschistische Urprinzip. und wenn die Kirche das mal loskriegen würde, das wär der Wunsch, - - daß [sic] nicht mehr selektiert wird" (Knäufl, 2000, S. 122).

Knäufl merkt zu Olafs Vergleich an, dass dieser, so wie Olaf ihn vornimmt, nicht aufrecht zu erhalten sei. Die Rampen in den Konzentrationslagern waren zur Zuteilung der Menschen in die Gaskammern oder in die Arbeitslager da. Es ging dabei um den Faktor Arbeitskraft und nicht darum, ob ein Mensch willkommen ist oder nicht. Die Kirche aber selektiert nach aber eben nach diesen Kriterien. Sie selektiert im Sinne der Ausgrenzung. Sie gibt Regeln vor und beschließt, wer sich nicht an die Regeln hält oder nicht zu den Vorgaben passt wird ausgegrenzt. Knäufl beschreibt Olafs Vergleich als Ausdruck seiner Gefühlssituation. Er sieht sich als Opfer der Ungerechtigkeit und möchte, dass ihm und den Menschen, denen es genauso geht wie ihm, dieselbe Aufmerksamkeit gebührt wie den Opfern des Holocausts. (vgl. Knäufl, 2000, S. 123)

Zusammenfassend lässt sich festhalten, dass homosexuelle Menschen eine Unvereinbarkeit von Kirche und ihrer sexuellen Orientierung wahrnehmen. Sie schaffen sich durch Verdrängung unangenehmer Wahrnehmungen gedanklich Wege, diese Hürde zu überwinden. Da ihnen das nicht bis zuletzt gelingen kann, bleibt nur ein Abwenden von der Kirche. Diese Trennung folgt nicht abschließend sondern eher wie ein ruhendes Abkommen. Das Abkommen ist geprägt von einem Gefühl der Hoffnung an die Kirche auf einen Ort, an dem alle Menschen, egal welcher Persönlichkeit Platz haben.

Anzumerken bleibt, dass es sich bei den herangezogenen Erfahrungen um einen Einzelbericht handelt, der nicht unmittelbar auf die Allgemeinheit übertragen werden kann. Er lässt jedoch exemplarisch eine Antwort auf die Frage nach den Gedanken homosexueller Menschen bezüglich ihres Glaubens zu.

Erfahrungsbericht eines homosexuellen Mitarbeiters in einer Einrichtung der katholischen Kirche

Die Methode

Der Erfahrungsbericht wurde in Folge einer Bitte der Autorin dieser Arbeit erstellt. Zu diesem Zwecke erhielt Max[107], ein homosexueller Gruppenleiter in einer Einrichtung der katholischen Kirche das Angebot, seine Erfahrungen zum Thema katholischer Arbeitgeber, eigene homosexuelle Orientierung und eigenem Glauben aufzuschreiben. Max ist selbst katholisch. Er sollte keine festgeschriebenen Fragen beantworten. Er kannte das Thema dieser Arbeit. Zur gedanklichen Orientierung wurden noch folgende Schreibimpulse gegeben:

- Mache dir bitte Gedanken zu deinem katholischen Glauben und der Einstellung der Kirche zum Thema Homosexualität.
- Berichte bitte über deine Erfahrungen als homosexueller Mitarbeiter in einer katholischen Einrichtung.

Der Brief, den Max verfasste, liegt der Arbeit als Anlage in nur teilweise offener Form bei. Alle Textpassagen, die Rückschlüsse auf seine Person zulassen könnten, wurden unkenntlich gemacht. Dabei handelt es sich um einige einleitende und abschließende Sätze und um die Unterschrift. Der Brief liegt der Autorin im Original vor.

Die Erfahrungen

Max berichtet, sein Leben trotz seiner Religionszugehörigkeit immer los gelöst von den Werten der Kirche zu leben. Er sieht seine sexuelle Orientierung als von Gott gegeben an und hat das Vertrauen in seinen Glauben, dazuzugehören. Er schließt sich von der Gemeinschaft Gottes nicht aus. Dennoch sieht er sich wohl nicht in einem Abhängigkeitsverhältnis zu Gott und kann seinen eigenen Weg des Glaubens wählen. Auf gedanklicher Ebene hat Max wohl seinen Frieden mit seiner Religion gefunden. Sinnbildlich ist der Begriff „Kinder Gottes", den er verwendet und zu denen er sich ebenfalls zählt. Er schreibt:

> „wenn wir alle Kinder Gottes sind, Gott wohl kein Problem mit homosexuellen Menschen haben wird" (Erfahrungsbericht, s. Anlage, S. 1)

---

[107] Name geändert

Schwieriger wird es für Max, wenn er im realen Leben, vor allem im beruflichen Alltag mit der Einstellung der katholischen Kirche bezüglich seiner Orientierung konfrontiert wird. Max berichtet von einer gewissen Ernüchterung, die sich bei seinen Gedanken an seinen Arbeitgeber einstellt.

> „In der beruflichen Praxis [...] ändern auch die Gleichstellungsgesetze bislang wenig" (Erfahrungsbericht, s. Anlage, S. 1).

Max ist bewusst, dass er in einem Spannungsfeld agiert. Er steht offen zu seiner Homosexualität und weiß um mögliche die Konsequenzen seines Handels. Er sichert dem Tendenzbetrieb Kirche zu, ein Leben nach den Pflichten der Grundordnung zu leben. (Erfahrungsbericht, s. Anlage, S. 1) Er legt aber auch großen Wert auf einen selbstbewussten Umgang mit seiner sexuellen Orientierung:

> „Ich selbst verstecke mich nicht und stehe zu meiner Homosexualität" (Erfahrungsbericht, s. Anlage, S.2).

Einen großen Teil des Briefes nehmen Max Erfahrungen mit anderen Menschen in seinem beruflichen Alltag ein. Er berichtet von Diskriminierungserfahrungen, aber auch von einem Zugehörigkeitsgefühl. Er unterscheidet dabei die Mitarbeiterebene von der Leitungsebene. Je höher die Hierarchie innerhalb der kirchlichen Einrichtung ist, desto verschwiegener scheint der Umgang mit dem Thema Homosexualität. Ausgrenzungserfahrungen macht er vorrangig auf der Leitungebene. Während andere Leitungskräfte von ihren Familien und Partnern erzählen und sich gegenseitig nach dem Befinden erkundigen, wird Max

> „einfach ausgeblendet oder [...] höflich diskriminiert. [...] Meine Arbeitsleistung wird geschätzt. Aber mehr möchte man von mir auch nicht wissen" (Erfahrungsbericht, s. Anlage, S.1)

Die Bewertung dieser Ausgrenzungen relativiert sich auf der Mitarbeiterebene. Er berichtet zwar, auch dort nicht oft nach seinem Privatleben gefragt zu werden und nimmt durchaus eine gewisse Scheu wahr. Jedoch fühle er sich „akzeptiert und als Mitglied der Gruppe" (Erfahrungsbericht, s. Anlage, S. 2)

Max hat das Gefühl, von Mitarbeiter(innen) eher durch seine Homosexualität charakterisiert zu werden als auf Grund guter Arbeitsleistung.

„Als erstes bist du schwul und dann der Wohngruppenleiter mit seinen Ecken und Kanten" (Erfahrungsbericht, s. Anlage, S.2).

Er nimmt verbale Diskriminierungen bewusst wahr und führt auch manche Autoritätsprobleme auf seine Stigmatisierung als Homosexueller zurück. Er ist bedacht, diesen Mitarbeiter(innen) zu zeigen, dass er als Vorgesetzter fungiert und ernst genommen werden möchte.

Es entsteht der Eindruck, auf der Mitarbeiterebene steht eher Max Homosexualität im Vordergrund und auf der Leitungsebene fast ausschließlich seine Arbeitsleitung.

Interessant ist, dass Max, obwohl er auf Mitarbeiterebene ebenfalls von Diskriminierungen berichtet, sich in dieser Gruppe eher akzeptiert fühlt als unter den Leitungskräften. Das hängt zum einen vermutlich damit zusammen, dass er zu den Mitarbeiter(innen) einen engeren Kontakt hat als zu den Leitungskräften, kann zum anderen aber auch ein Indiz dafür sein, dass Verschwiegenheit und Isolation schwerer gewichtet werden als ein gelegentliches Wahrnehmen verbaler Diskriminierung.

Zusammenfassung & Ausblick

Im folgenden Abschnitt werden abschließend die Ergebnisse dieser Arbeit dargestellt. Im ersten Teil erfolgt eine Darstellung wesentlicher Resultate. Danach werden zusammenfassend die Antworten auf die eingangs formulierten Forschungsfragen der Arbeit wiedergegeben. Als Abschluss der Arbeit soll ein Ausblick auf die Zukunft formuliert und ein Bezug zur beruflichen Praxis hergestellt werden.

Zusammenfassung der allgemeinen Resultate

Die katholische Kirche spielt als Arbeitgeber im Gesundheits- und Sozialbereich eine bedeutende Rolle. Sie zählt zu den führenden Unternehmen in Deutschland. Die Arbeitnehmerzahl steigt fortlaufend an. Die katholische Kirche hat das Privileg, ihre eigenen Bedingungen an ein Arbeitsverhältnis zu richten. Dieses Alleinstellungsmerkmal ist geschichtlich begründet. Die Trennung zwischen Staat und Kirche ist gesetzlich verankert. Die Pflichten des/der Mitarbeiter/-in in katholischen Einrichtungen unterscheiden sich von denen in nichtkirchlichen Einrichtungen. Die Pflichten des/der Mitarbeiter/-in/s sind niedergeschrieben in der Grundordnung des kirchlichen Dienstes im Rahmen kirchlicher Arbeitsverhältnisse. Homosexuellen Beschäftigten in katholischen Einrichtungen ist es dabei laut Dienstordnung kaum möglich, offen zu ihrer Orientierung zu stehen. Sie müssen sehr zurückhaltend sein oder anderenfalls die Konsequenzen des Dienstgebers fürchten.

Die katholische Kirche steht homosexuellen Menschen ablehnend gegenüber. Homosexualität wird offiziell nicht akzeptiert und in den Einrichtungen tabuisiert. Die ablehnende Haltung der katholischen Kirche wird in den Verlautbarungen des Apostolischen Stuhls sichtbar. Diese Handlungsanweisungen lassen wenig Spielraum in Bezug auf den Umgang mit homosexuellen Mitarbeitern/-innen zu. Sie sind ein Indiz für die traditionelle Haltung der katholischen Kirche. Die katholische Kirche passt sich dem Fortschritt der Gesellschaft nicht an. Homosexuellen Mitarbeiter-/innen/n in Einrichtungen der katholischen Kirche wird nicht die Möglichkeit gegeben, offen mit ihrem Privatleben umzugehen.

Die Fallbeispiele auf gerichtlicher Ebene zeigen auf, dass die katholische Kirche in ihrer Position als Dienstgeber durchaus gewillt ist, gegen Loyalitätsverstöße rechtlich vorzugehen. Ist der/die Betroffene allerdings bereit, sich zu wehren, sind die Chancen auf Erfolg aussichtsreich. Die Kirche muss sich im Falle eines Rechtsstreits gegen Gesetze auf staatlicher Ebene behaupten. Die Rechte des/der Beschäftigten werden dann gegen die der Kirche abgewogen. Die dargestellten Fallbeispiele bekräftigen das Recht des Einzelnen.

Resultate in Bezug auf die Forschungsfragen der Arbeit

Die Forschungsfragen

- Wie gestaltet die aktuelle Rechtslage für homosexuelle Mitarbeiter/innen in Einrichtungen der katholischen Kirche?
- Welche dienstlichen Vorgaben gibt es in katholischen Einrichtungen in Deutschland? Wie werden diese umgesetzt?
- Welche Erfahrungen machen homosexuelle Arbeitnehmer(innen) in katholischen Einrichtungen tatsächlich?
- Besteht ein Zwiespalt zwischen der homosexuellen Orientierung des (der) Arbeitnehmer/in/s und den Anforderungen des katholischen Arbeitgebers? Welche Wege finden homosexuelle Menschen mit diesem Zwiespalt umzugehen?

Homosexuelle Beschäftigte müssen sich, wie andere Beschäftigte in Einrichtungen der katholischen Kirche auch, an der Grundordnung des kirchlichen Dienstes im Rahmen kirchlicher Arbeitsverhältnisse orientieren. Beschäftigte im kirchlichen Dienst sichern bei Unterzeichnung des Dienstvertrages zu, ein Leben im Sinne der katholischen Glaubens- und Sittenlehre zu führen. Die Unterzeichnung eines solchen Dienstvertrages stellt für homosexuelle Menschen einen Widerspruch dar. Ihre eigenen Vorstellungen und Werte treffen auf die der katholischen Kirche. Es entsteht unweigerlich ein Konflikt. Homosexuelle Mitarbeiter(innen) müssen für sich selbst einen Lösungsweg gestalten, mit diesem Konflikt umzugehen.

Die Erfahrungen aus dem Brief eines homosexuellen Mitarbeiters, Max zeigen auf, dass es ein Weg sein kann, weitestgehend offen zu seiner Orientierung zu stehen. Ihm ist es, wenn auch nur auf der Mitarbeiterebene, möglich, Anerkennung zu finden als ganzer Mensch mit seinen Fähigkeiten und seiner Orientierung. Anders gestaltet sich diese Erfahrung auf der Leitungsebene. Ein offener Umgang mit dem Privatleben als homosexueller Mensch ist dort nicht erwünscht. Das Thema wird ignoriert. Das Beispiel zeigt, dass selbst in einer Einrichtung, in einer multikulturell geprägten Stadt wie Berlin, der Umgang mit homosexuellen Mitarbeiter(innen) weit davon entfernt ist, nicht nur toleriert sondern akzeptiert zu sein. Hinzu kommt, dass homosexuelle Mitarbeiter/innen immer nur insoweit toleriert werden, als dass sie sich nicht öffentlich etwas zu Schulden kommen lassen. Eine gleichgeschlechtliche Heirat würde einen schweren Loyalitätsverstoß darstellen und zur Kündigung führen. Die Grenze der Duldsamkeit wäre in diesem Fall erreicht. Einem homosexuellen Beschäftigten in katholischen Einrichtungen ist diese Grenze immer bewusst.

So scheint es nicht verwunderlich, dass homosexuelle Menschen ihre Orientierung innerhalb der Kirchengemeinde verheimlichen. Das Beispiel von Olaf zeigt einen zweiten Weg auf, mit der Diskrepanz zwischen Einstellung der katholischen Kirche und eigener homosexueller Orientierung umzugehen. Olaf hielt seine Orientierung geheim, um nicht aus der Gemeinschaft ausgeschlossen zu werden. Er fand keinen Weg, dem Zwiespalt in glücklicher Weise entgegen zu treten. Er konnte die Haltung der Kirche nicht mit seiner Lebensauffassung vereinen und sah, als er seine eigene Orientierung nicht mehr zurückhalten wollte und konnte, keinen anderen Ausweg, als sich von der katholischen Kirche zu abzuwenden.

Das Fallbeispiel von Uwe, der einen Gerichtsprozess gegen einen Verein der katholischen Kirche gewann lässt eine dritte Möglichkeit, mit dem Zwiespalt zwischen katholischer Kirche als Arbeitgeber und eigener Homosexualität umzugehen, vermuten. Uwe steht nicht nur offen, sondern auch öffentlich zu seiner Homosexualität. Er lässt sich nicht vorschreiben, in welcher Form er seine sexuelle Orientierung leben darf. Zu berücksichtigen bleibt zwar, dass er bei Vertragsunterzeichnung nicht die Grundordnung des kirchlichen Dienstes anerkennen musste, da es sich bei seinem Arbeitgeber um einen Verein handelte. Wie das Fallbespiel zeigt, hatte er aber dieselben Konsequenzen zu fürchten, wie Beschäftigte in kirchlichen Einrichtungen. Uwe dürfte wohl bewusst gewesen sein, auf welche Schwierigkeiten er sich einließ beim Bekanntwerden, seiner Homosexualität. Er ließ sich trotzdem darauf ein und zeigte sich in einem öffentlichen Internetportal. Darüber hinaus gab er sich nicht mit den Konsequenzen seines Verhaltens zufrieden, sondern wehrte sich auf gerichtlicher Ebene gegen die Kirche.

Zusammenfassend zeigen sich als Resultat der Arbeit drei Wege auf, mit dem Zwiespalt zwischen homosexueller Orientierung der/der Arbeitnehmer/in/s und den Anforderungen der katholischen Kirche als Arbeitgeber, umzugehen:

1. Offen leben im Rahmen des Möglichen, aber nicht auffallen
2. Verheimlichen der sexuellen Orientierung
3. Offen und öffentlich leben, mit allen Konsequenzen

Diese drei Wege sind eher als Momentergebnis der Arbeit zu sehen und sollen keines Wegs ein allgemeingültiges Fazit darstellen. Würde eine Untersuchung einen größeren Rahmen umfassen, wäre anzunehmen, dass noch weitere Wege aufgezeigt werden. Als zusammenfassendes Resultat dieser Arbeit ist die Einteilung jedoch nachvollziehbar.

Die Forschungsfragen wurden im Rahmen der Möglichkeiten weitestgehend beantwortet. Die Arbeit gibt einen Überblick über die rechtliche Situation der homosexuellen Beschäftigten in Einrichtungen der katholischen Kirche. Sie stellt die Situation der katholischen Kirche als Arbeitgeber dar und nimmt Bezug auf die geschichtliche Entwicklung der Vorgaben und Pflichten. Die Fallbeispiele verdeutlichen die Konsequenzen für Beschäftigte bei Verstoß gegen die Loyalitätspflichten und zeigen die Grenzen der rechtlichen Handhabe der katholischen Kirche auf. Erfahrungsberichte von homosexuellen Menschen verdeutlichen exemplarisch, wie es diesen Menschen tatsächlich geht.

Abschließend lässt sich festhalten, dass es gelungen ist, einen umfassenden Überblick über das Thema zu schaffen. Der geringen Anzahl an vorausgegangenen Veröffentlichungen und Untersuchungen zu diesem Thema ist es geschuldet, dass einige Beiträge auf den Bereich des Arbeitsverhältnisses innerhalb der katholischen Kirche übertragen werden müssen. Sie dienen aber dennoch dazu, einen Eindruck von der Thematik Homosexualität und katholische Kirche als Arbeitgeber zu gewinnen.

Ausblick

Die katholische Dienstgemeinschaft ist geprägt von Zusammenhalt und Menschlichkeit. Menschliche Nächstenliebe ist ein Vorsatz den es einzuhalten gilt. Dieser Grundsatz gibt die Richtung der christlichen Arbeit vor. Die Kirche bietet vielen Menschen ein geistliches Zuhause. In Zeiten der Schnelllebigkeit und Fortschrittlichkeit ist es wichtig, einen Ort zu haben, der Sicherheit und Orientierung bietet. Die Kirche bedient sich traditioneller Werte. Diese sind ein wichtiger Bestandteil im Leben vieler Menschen. Die Kirche hat eine verantwortungsvolle Aufgabe. Sie fungiert als Meinungsgeber in Glaubens- und Moralfragen. Viele Menschen lehnen sich mit ihrem Denken an die Haltung der Kirche an.

Weniger als früher jedoch gilt die Meinung der Kirche auf wissenschaftlicher Ebene als alleinstehend. Die Menschheit ist heute in der Lage, sich fast alle Ereignisse und Phänomene wissenschaftlich erklären. Die Kirche als wissenschaftlicher Meinungsgeber ist überholt. Die Mitglieder der Kirche sind heute gebildete Gläubige, die sich eine eigene Meinung über die Welt bilden. Sie haben meistens eine eigene allumfassende Erklärung für Merkmale wie Krankheit, Behinderung oder auch sexuelle Identität gefunden. Die Kirche muss sich diesem Fortschritt anschließen, wenn sie im Leben der Menschen weiterhin einen Platz haben möchte. Sie muss den Dialog mit den Menschen suchen und mit ihnen zusammen einen Konsens finden. Sie muss sich öffnen für neue Wege und Entwicklungen.

In Bezug auf Arbeitsverhältnisse ist es unabdingbar, sich der fortschrittlichen Entwicklung der Gesellschaft anzupassen. Die katholische Kirche verzichtet auf gute Mitarbeiter/innen „nur", weil diese sich scheinbar nicht an den allein gültigen Werten der Glaubens- und Sittenlehre orientieren. Dabei muss darin kein unmittelbarer Widerspruch bestehen. Nicht konfessionelle oder homosexuelle Mitarbeiter(innen) können trotz der scheinbaren Widersprüchlichkeit viele der christlichen Werte vertreten. Sie können einen guten Dienst am

Menschen tun, der geprägt ist von Nächstenliebe. Sie können der christlichen Religion mit Respekt begegnen. Einzig darum sollte es bei der Auswahl der Mitarbeiter/innen gehen.

In Gesprächen in Vorbereitung auf diese Arbeit wurde nicht nur einmal das Argument genannt:

> „Wenn man einen Arbeitsvertrag in einer Einrichtung der katholischen Kirche unterschreibt, wisse man worauf man sich einlässt. Man dürfe sich dann im Nachhinein nicht darüber beschweren".

Diesem Argument soll hier entgegen gebracht werden, dass ein Teil der homosexuellen Menschen, ihre sexuelle Identität erst im späteren Erwachsenenalter entdeckt. Angenommen, dieser Mensch arbeitet schon seit Jahren als hervorragende/r Mitarbeiter/in in einer katholischen Einrichtung. Wäre er dann plötzlich nicht mehr geeignet, „nur" weil er sich seiner sexuellen Orientierung bewusst wird?

Diese Haltung der katholischen Kirche dürfte viel eher einen Widerspruch darstellen als die sexuelle Orientierung des/der Mitarbeiter/in/s in Bezug auf den kirchlichen Dienst.

Die Zukunft für homosexuelle Beschäftigte in Einrichtungen der katholischen Kirche hängt im großen Maße davon ab, in wie weit die Kirche gewillt ist, sich den Entwicklungen der Gesellschaft anzupassen. Bisher hat sich in dieser Thematik wenig bis gar nichts getan. Ob eine Änderung der Verhältnisse eintreten wird, kann hier nichtvorausgesagt werden. Zu jetzigen Zeitpunkt besteht die einzige Möglichkeit für homosexuelle Menschen darin, sich nicht zu verstecken, öffentlich für ihre Rechte einzustehen und je nach individueller Grenze einen Schritt heraus aus dem „Lebensgefühl der Grauheit" (Knäufl, 2000, S. 11) zu machen.

Literatur

Bücher & Broschüren

Becker-Freyseng, W. & Schwendele, T. (2010). Arbeitsplatz Caritas. Das Handbuch für MitarbeiterInnen (2. Auflage). Freiburg im Breisgau: Lambertus-Verlag.

Bürgel, E.; Albers, M.; Leiniger, A. & Michels, N. (2006). Kirche als Arbeitgeber. Anspruch, Realität und Perspektiven. Diözesanrat der Katholiken im Erzbistum Köln (Hrsg.) Köln.

Eicken, J. & Schmitz-Veltin, A. (Juni 2010). Die Entwicklung der Kirchenmitglieder in Deutschland. Statistische Anmerkungen zu Umfang und Ursachen des Mitgliederrückgangs in den beiden christlichen Volkskirchen. Statistisches Bundesamt (Hrsg.) Wirtschaft und Statistik, S. 576-589.

F.A. Brockhaus. (2005). Der große Brockhaus in einem Band. Leipzig; Mannheim: Bibliografisches Institut & F.A. Brockhaus GmbH.

Friedrich, C. (2007). „Nicht jammern sondern klagen!" Lesben und Schwule und das allgemeine Gleichbehandlungsgesetz. Informationen und Erfahrungen. Landeskoordination der Anti-Gewalt-Arbeit für Lesben und Schwule in NRW, (Hrsg.). Köln.

Gräber-Seißinger, Ute; Jahn, Gabriele; Müller-Foell, Christoph & Peuker, Robert (2007).

DUDEN Recht A - Z. Fachlexikon für Studium, Ausbildung und Beruf. Mannheim: Bibliografisches Institut & F.A. Brockhaus AG.

Hammer, U. (1999). Gleichgeschlechtliche Lebensweisen als arbeitsrechtliche Fragestellung. In: W. Köhne. Deutsche AIDS-Hilfe e.V. (Hrsg.). Lesben und Schwule in der Arbeitswelt. Dokumentation des Kongresses 19.-21.3.1999 veranstaltet vom Verband lesbischer Psychologinnen und schwuler Psychologen in Deutschland e.V. (VLSP) mit DGB, ÖTV, HBV und weiteren Einzelgewerkschaften, S. 40-66. Berlin.

Hollerbach, A. (1989). § 138 Grundlagen des Staatskirchenrechts. In: J. Isensee (Hrsg.).

Handbuch des Staatsrechts der Bundesrepublik Deutschland (Bd. 6), S. 471-555. Heidelberg.

Knäufl, C. (2000). Graue Jungs. Kirche und Homosexualität in der Wahrnehmung homosexueller Männer. Mainz: Matthias-Grünewald-Verlag.

Pfnür, V. (28.-29. Oktober 2005). Historische Aspekte des Verhältnisses von Kirche und Staat in Deutschland. überarbeitete Fassung des Kurzreferates auf der Tagung der Stiftung Genshagen. Der Laizismus in Europa. Genshagen.

Pschyrembel. Klinisches Wörterbuch.(1990). Berlin; New York: Walter de Gruyter Verlag. Schäfer, U. (2011). Outing unmöglich. NEON. S. 92-96

Schoenauer, A. (2010). Die Kirchklausel des § 9 AGG im Kontext des kirchlichen Dienst- und Arbeitsrechts. Frankfurt am Main: Peter Lang.

Stuve, O.; Krabel, J.; Kasiske, J. & Schädler, S. (2005). Zur Situation von Männern in „Frauen- Berufen" der Pflege und Erziehung in Deutschland. Eine Überblicksstudie. Bildungswerk Berlin (Hrsg.). Berlin

Weißflog, R. & Bug, A. (18. Januar 2007). Auswirkungen des Europarechts auf das kirchliche Arbeitsrecht. Dokumentation WD 6-3000-290/06. Wissenschaftliche Dienste des Deutschen Bundestages. (Hrsg.). Berlin

Wiedemann, H.-G. (2005). Homosexuell. Das Buch für homosexuell Liebende, ihre Angehörigen und ihre Gegner: Stuttgart: Kreuz Verlag.

Internetquellen

Bruns, M. (2010). Homosexualität von 1949 bis heute. http://www.lsvd.de/61.0.html, Zugriff am 11. April 2011

Deutscher Caritasverband e.V. (o.J.). Die Geschichte der deutschen Caritas. http://www.caritas.de/41166.html, Zugriff am 28. April 2011

Deutscher Caritasverband e.V. (2008). Zentralstatistik der Caritas 2008. http://www.caritas.de/2246.html, Zugriff am 8. April 2011

Falter, A. (2010). Wirtschaftsfaktor Wohlfahrtsverbände. http://www.deutsche- bank.de/mittelstand/downloads/Wirtschaftsfaktor_ Wohlfahrtsverbaende_11_2010.pdf, Zugriff am 8. April 2011

Frohn, D. (2007). Out im Office?! http://www.vielfalt-statt-gewalt.de/ download/Out-im- Office_Erg-Zus-Fass_inkl_D-Okt-2007_DF.pdf, Zugriff am 27. April 2011

Glaubitz, J. (2011). Wohlfahrtsbranche. https://www.verdi-bub.de/no_cache/ drucken/standpunkte/archiv/wohlfahrtsbranche/, Zugriff am 7. April 2011

Heinemann, P. (2008). Ein bisschen anders. http://www.welt.de/wams_print/article2132424/Ein_bisschen_anders.html, Zugriff am 10. April 2011

Hensche, M. (2010). Informationen zum Thema Arbeitsvertragsrichtlinien. http://www.hensche.de/Rechtsanwalt_Arbeitsrecht_Handbuch_AVR.html, Zugriff am 21. April 2011

Kaltefleiter, W. (o.J.). Das Vatikan Glossar. http://www.kath.de/kurs/vatikan/apostolische_konstitution.php, Zugriff am 11. April 2011

Kanzlei des Europäischen Gerichtshofs für Menschenrechte. (2010). Pressemitteilung des Kanzlers. Schüth gegen Deutschland. Beschwerde-Nr. 1620/03. http://cmiskp.echr.coe.int/tkp197/view.asp?action=html&documentId=874369&portal=h bkm&source=externalbydocnumber&table=F69A27FD8FB86142BF01C1166DEA398649, Zugriff am 20. April 2011

Kreutzmann, A. (o. J.). Privatrechtliche Rechtsgestaltung aus notarieller Sicht. Thema 8: Die eingetragene Lebenspartnerschaft – Begründung, Voraussetzungen, allgemeine Wirkungen – Vergleich mit den allgemeinen Ehewirkungen. http://ifn.rewi.hu- berlin.de/veranstaltungen/WS_04_05/Seminararbeiten/Thema8.pdf, Zugriff am 10. April 2011

Lesbische und Schwule Basiskirche Basel. Über John J. McNeill. http://www.lsbk.ch/articles/john_mcneill.asp, Zugriff am 06. Juni 2011

Luzem, M. (2004).Was ist die Bibel? Eine allgemein verständliche Einführung. http://religion.geschichte-schweiz.ch/bibel.html, Zugriff am 12. April 2011

Mahlke, G. (2000). Einstellungen zu Homosexualität und Kirche - Einstellungen von homosexuell empfindenden Menschen in der Kirche. www.pastoralklinikum.de/formulare/GMHomo.pdf, Zugriff am 19. März 2011

Oklitz, M. (o. J.) Pflegedienst in Geschichte und Gegenwart. Seit frühesten Zeiten im Dienste der Kranken. http://www.med.uni-jena.de/klinikmagazin/archiv/km398/km398/kultge2.htm, Zugriff am 10. April 2011

Rahe, T. (2010). Die nationalsozialistische Homosexuellenverfolgung und ihre Folgen. http://lernen-aus-der-geschichte.de/Lernen-und-Lehren/content/7808, Zugriff am 11. Dezember 2010

Rat der Europäischen Union. (2000). Richtlinie 2000/78/EG des Rates zur Festlegung eines allgemeinen Rahmens für die Verwirklichung der Gleichbehandlung in Beschäftigung und Beruf.
http://eurlex.europa.eu/LexUriServ/LexUriServ.do?uri=OJ:L:2000:303:0016:0022:de:PD F, Zugriff am 29. April 2011

Sekretariat der deutschen Bischofskonferenz. (2009). Katholische Kirche in Deutschland.

Statistische Daten. www.dbk.de/zahlen-fakten/kirchliche-statistik/ Zugriff am 26. März 2011

Sekretariat der deutschen Bischofskonferenz. (2005). Verlautbarungen des Apostolischen Stuhls 170.
http://www.dbk.de/fileadmin/redaktion/veroeffentlichungen/verlautbarungen/VE_170.pdf, Zugriff am 8. April 2011

Sekretariat der Deutschen Bischofskonferenz. (1986). Verlautbarungen des Apostolischen Stuhls 72.
http://www.dbk.de/fileadmin/redaktion/veroeffentlichungen/verlautbarungen/VE_072.pdf, Zugriff am 8. April 2011

The Kinsey Institute for Research in Sex, Gender, and Reproduction, Inc. (1996-2011). about the institute. http://www.kinseyinstitute.org/about/, Zugriff am 10. April 2011

Gesetzestexte, Verordnungen & Gerichtsurteile

Allgemeines Gleichbehandlungsgesetz (AGG) vom 14. August 2006 (BGBl. I S. 1897); zuletzt geändert durch Artikel 15 Absatz 66 des Gesetzes vom 5. Februar 2009 (BGBl. I S. 160)

Betriebsverfassungsgesetz (Betr.VG) in der Fassung der Bekanntmachung vom 25. September 2001 (BGBl. I S. 2518); zuletzt geändert durch Artikel 9 des Gesetzes vom 29. Juli 2009 (BGBl. I S. 2424)

Grundgesetz für die Bundesrepublik Deutschland (GG) vom 23. Main 1949 in der im Bundesgesetzblatt Teil III, Gliederungsnummer 100-1, veröffentlichten bereinigten Fassung; zuletzt geändert durch das Gesetz vom 21. Juli 2010 (BGBl. I S. 944)

Grundordnung des kirchlichen Dienstes im Rahmen kirchlicher Arbeitsverhältnisse vom 22. September 1993. http://www.bistum-hildes-heim.de/bho/dcms/sites/bistum/bistum/ generalvikariat/rechtsabteilung/dok/Grundordnung_kirchlichen_Dienstes.pdf, Zugriff am 06. Juni 2011

Urteil Arbeitsgericht Frankfurt am Main vom 18.April 2007; (7 Ca 7285/06)

Verfassung der Europäischen Union. Verfassungsvertrag vom 29. Oktober 2004. Protokolle und Erklärungen zum Vertragswerk. Band 474. (Läufer, T.; Bundeszentrale für politische Bildung, Hrsg.) Bonn.

Weimarer Reichsverfassung (WRV) vom 11. August 1919. (documentArchiv.de, Hrsg.). http://www.documentArchiv.de/wr/wrv.html, Zugriff am 06. Juni 2011

Anhang

Erfahrungen eines homosexuellen Mitarbeiters in einer katholischen Einrichtung

15. Mai 2011

Die Vorgaben der Kirche in Bezug auf die Lebensführung der Menschen, hat nie richtig Einfluss auf mich gehabt.

Kosmos und Chromosomen haben sich so zusammengetan, dass ich dabei herausgekommen bin. Was ich damit meine ist, dass wenn wir alle Kinder Gottes sind, Gott wohl kein Problem mit homosexuellen Menschen haben wird. Sollte ich aber ein Fehler seiner Schöpfung sein, dann hoffe ich, dass er damit genauso gut leben kann wie ich.

In der beruflichen Praxis sieht es jedoch anderes aus. Da ändern auch die Gleichstellungsgesetze bislang wenig. Die Kirche ist ein sogenannter Tendenzbetrieb, dem ich vertraglich zusichere, ein Leben nach den Vorstellungen der katholischen Kirche zu führen. Das bedeutet, dass ich auf Grund meiner gelebten Homosexualität kündbar bin. Eine Heirat mit gleichgeschlechtlichem Partner könnte mein Arbeitsverhältnis beenden.

Berliner Einrichtungen sind da im Allgemeinen „toleranter" als Einrichtungen in katholischen „Hochburgen" wie .B. Köln. Ganz zu schweigen von Einrichtungen in ländlichen Regionen. Dennoch werden Fragen zu meinem Privatleben in Bezug auf meine Partnerschaft innerhalb der Leitungsebene nicht gestellt. Während sich die Anderen Fragen zu ihren Partnern oder Partnerschaften stellen, werde ich einfach ausgeblendet oder, wie ich es nenne, höflich diskriminiert. Dies wird dann besonders sichtbar, wenn sich das Leitungspersonal zu Tagungen trifft. Meine Arbeitsleistung wird geschätzt. Aber mehr möchte man von mir auch nicht wissen.

Anders sieht es bei den Gruppenmitarbeitern aus. Dort gibt es zwar auch eine Scheu, mich nach meinem Privatleben zu fragen und nur wenige manche das auch. Dennoch fühle ich mich akzeptiert und als Mitglied der Gruppe. Interessant bleibt aber, dass neuen Mitarbeitern nicht als erstes über meine berufliche Qualifikation berichtet wird, sondern über meine sexuelle Orientierung. Oder auch gerne: „das ist der Wohngruppenleiter; im Übrigen, der ist schwul."

Als erstes bist du schwul und dann der Wohngruppenleiter mit seinen Ecken und Kanten. Homosexualität ist noch immer keine Selbstverständlichkeit. Ich selbst verstecke mich nicht und stehe zu meiner Homosexualität. Das bedeutet für manche Mitarbeiter ein tatsächliches Autoritätsproblem. Denen muss ich dann, manchmal auch nachdrücklich, zeigen, dass ich als Vorgesetzter ernst zu nehmen bin und sexuelle Orientierung und Berufsausübung nichts miteinander zu tun haben.

Liebe Grüße

xxx

„HOMOSEXUALITÄT als Herausforderung an die neutestamentliche Gemeinde"

von Sascha Schmuck, 2007

Einleitung

Die Arbeit wurde mit dem Titel *Homosexualität als Herausforderung an die neutestamentliche Gemeinde* überschrieben. Schwerpunkt soll hierbei die praktische Theologie sein. Es stellte sich daher zunächst die Frage nach einer Beurteilung der Homosexualität. Was ist Homosexualität, wie entsteht sie, ist sie genetisch bedingt oder spielen andere Faktoren hierbei eine Rolle? Was sagt die Bibel zur Homosexualität und wie verhält es sich mit der Meinung der großen Kirchen in Deutschland in diesem Thema? Auch die „Schwule Theologie" sollte kurz betrachtet werden, um sich ein Bild über sie zu verschaffen.

Des Weiteren wurde eine Umfrage zum genannten Thema durchgeführt, um eine Tendenzmeldung seitens Gläubiger zu diesem Thema zu erhalten. Dabei sollte beachtet werden, dass die Umfrage keine wissenschaftliche Studie ist. Diese hatte lediglich zum Ziel, die Meinung der Befragten zum gestellten Thema festzuhalten und zu sammeln. Die Umfrage ist jedoch nicht repräsentativ für die gesamtchristliche Landschaft in Deutschland, da hierzu nicht genügend Stimmen gezählt werden konnten.

Diese Arbeitsschritte waren nötig, da sie darüber entscheiden, ob, und wenn ja, in wie weit eine Änderbarkeit homosexueller Orientierung möglich ist. Was wiederum die Überlegungen in Bezug auf die Seelsorge stark beeinflussen. Daher wurden hiernach seelsorgerliche und therapeutische Konzepte untersucht, die mögliche Therapieformen zu Gunsten homosexueller Menschen darlegen. Diese galt es zu beurteilen, um hieraus mögliche Schlussfolgerungen für die neutestamentliche Gemeinde ziehen zu können.

Die vorliegende Arbeit berücksichtigt fast ausschließlich die männliche Homosexualität. Denn trotz gewisser Parallelen zur weiblichen Homosexualität gibt es gleichwohl deutliche Unterschiede zwischen beiden Geschlechtern, zumal ihre Problematik oft anders gelagert ist.

Begriffsdefinition

Was ist Homosexualität?

Edward T. Welch definiert Homosexualität wie folgt:

> „Gedanken oder Handlungen im Leben eines Erwachsenen, die von einer bestimmten erotischen Anziehung (sexuell, genital, orgastisch) zu Gleichgeschlechtlichen herrühren und die meist, aber nicht zwangsläufig zu sexuellen Handlungen führen."

Demnach meint der Begriff „Homosexualität" in erster Linie eine Neigung bzw. ein erotisches Empfinden für das gleiche Geschlecht.

Das Wort kommt aus dem frühen 19. Jh. und wurde von dem österreichisch-ungarischen Arzt K. M. Kertbeny geformt. Der von ihm geprägte Begriff setzt sich aus dem griechischen homos (gleich, identisch) und dem lateinischen sexus (Geschlecht) zusammen. Was in neuerer Zeit als Homosexualität bezeichnet wird, wurde bis dahin als Sodomia charakterisiert. Dieser Begriff bezeichnet die „Sünde wider der Natur", auch „widernatürlich" genannt. Er ist abgeleitet von Sodom, welches die lasterhafte Stadt der Sünde aus dem Buch Genesis bezeichnet. In Anlehnung zu Genesis 18,20.21 sprach man auch von „Sünde, die zum Himmel schreit".

„Homosexualität" hat eine größere Bedeutungsvielfalt als auf den ersten Blick erkennbar ist. So kann darunter erst einmal die männliche wie weibliche gleichgeschlechtliche Liebe verstanden werden. Er beschreibt die homosexuellen Empfindungen und Neigungen wie auch die ausgelebte Homosexualität. Unter Homosexualität versteht man auch eine eigene Weltanschauung. Des Weiteren kann er auch eine vorübergehende homoerotische Neigung beschreiben, welche pubertätsbedingt und in der sexuellen Orientierung des Betroffenen begründet ist. Auch wenn erzwungene Eingrenzungen eine heterosexuelle Beziehung nicht erlauben, kann sich Homosexualität („situative Homosexualität") entwickeln (z.B. in Klöstern, Internatsschulen, Gefängnissen).

Homosexualität kann aber auch eine Fehlentwicklung meinen (möglicherweise in der Kindheit), welche dazu führte, dass sich der oder die Betroffene (vorübergehend) homosexuell orientierte.

Neben dem Begriff der Homosexualität gibt es einen weiteren Versuch, zwischen homosexueller Praxis und homosexueller Liebe (Homophilie) zu unterscheiden, nämlich Homophilie. Der Begriff kommt aus dem psychiatrischen Bereich, um dadurch einer Diskriminierung des Homosexuellen vorzubeugen. Das mag daran liegen, dass man die Homosexualität bis Anfang des 19 Jh. allein auf den sexuellen Akt beschränkte, also das Ausleben der Homosexualität. Heute ist Homosexualität bzw. homosexuell ein weitestgehend wertneutraler Begriff welcher die gleichgeschlechtliche Liebe meint und sowohl die rein emotionale als auch die körperliche Gemeinschaftsebene mit einbezieht.

Der Homosexuelle

„Den Homosexuellen" gibt es nicht. Denn wie bei den Heterosexuellen gibt es auch unter Homosexuellen verschiedene Menschen. In der Vergangenheit wurde viel pauschalisiert und durch falsche Vorurteile homosexuellen Menschen das Gefühl gegeben, dass sie perverse, unliebenswerte und unerwünschte Menschen seien. Dabei gibt es unter ihnen genauso liebenswerte Menschen wie auch unter Heterosexuellen.

Es gibt unter ihnen ebenso große Unterschiede wie unter Heterosexuellen. So gibt es Homosexuelle, die sich ausschließlich zum gleichen Geschlecht hingezogen fühlen, was jedoch nicht auf alle zutrifft. Einige tragen seit ihrer Kindheit homosexuelle Gefühle in sich, andere realisieren erst im zunehmenden Alter ihre „Andersartigkeit" und beginnen schließlich, diese auszuleben. Wieder andere bezeugen, dass sie phasenweise eine homosexuelle Neigung verspüren, gehen dieser jedoch niemals nach. Es gibt verschiedene Bevorzugungen in Belangen der Partnerwahl. Das kann den Köperbau, die Haarfarbe, den Charakter, das Alter oder andere Bereiche betreffen.

Es wäre falsch, einem homosexuell lebenden Menschen vorzuwerfen, es ginge ihm einzig und allein um seine sexuelle Befriedigung. Ebenso gibt es Heterosexuelle, die ein übersteigertes Maß an sexuellem Verlangen in sich tragen, was aber auch hier keinesfalls pauschalisiert werden kann.

So gibt es Homosexuelle bei denen die Geschlechtlichkeit eher untergeordnet ist. Bei anderen steht die Sexualität mehr im Vordergrund. Einige wechseln häufig ihre Partner, wieder andere sehnen sich nach einer dauerhaften Beziehung. Unter ihnen gibt es solche, die ein offensichtlich feminines Auftreten haben. Andere wiederum sind eher maskulin und man merkt ihnen ihre Homosexualität nicht an. Das gleiche gilt auch für die weibliche Homosexualität.

Neben dem gewöhnlichen Homosexuellen gibt auch den latenten Homosexuellen. Als solchen bezeichnet man einen Mann oder eine Frau, der oder die erst im heranwachsenden Alter nach und nach ihre homosexuelle Neigung entdeckt. Dies geschieht für gewöhnlich durch einschneidende Erlebnisse, die dazu führen, dass der Betroffene sich seiner Gefühle bewusst wird. Latente Homosexuelle verspüren in sich ein „erotisch gefärbtes Verlangen" zum gleichen Geschlecht, können diese Gefühle aber weder richtig deuten noch zuordnen. Doch können sie mit Hilfe Außenstehender oder durch Eigenreflexion die Gefühle benennen und schließlich ihre homosexuelle Neigung erkennen.

Bisexualität bedeutet, dass sich eine Person zu beiden Geschlechtern hingezogen fühlt. Van den Aardweg schreibt, dass die Mehrheit homosexueller Menschen angibt, sich auch hin und wieder zum anderem Geschlecht hingezogen zu fühlen, wenn auch nicht in gleicher und konstanter Stärke wie zum Gleichen. Er beruft sich hierbei auf seine Erfahrung als Arzt. Demnach gaben von 200 homosexuellen Menschen, mit denen er arbeitete, 70 % an, manchmal heterosexuelle Neigungen zu verspüren. Er selbst geht davon aus, dass die Zahlen in Wirklichkeit vermutlich weit höher anzusiedeln wären.

Den Homosexuellen, der keinerlei Reize, weder in sexueller noch in emotionaler Form zum anderen Geschlecht kennt, nennt Buckley den „extremen Typ eines Homosexuellen".

Die Überlegung, dass Homosexualität ein kulturelles Phänomen ist oder nur in bestimmten Kulturen oder sozialen Gegebenheiten vorkommt, ist heute verworfen. So gibt es Homosexualität bei beiden Geschlechtern, in jeder sozialen Schicht, weltweit und zu allen Zeiten. Es gibt Schätzungen, dass ca. 1/3 - 1/4 der Bevölkerung vorübergehend homosexuell war oder ist. Die Zahlen homosexuell Bleibender pendeln sich bei ca. 4% ein.

Homosexualität im Wandel der Gesellschaft

Beschäftigt man sich mit dem Thema Homosexualität, wird man schnell feststellen, dass es – wie andere Themenbereiche auch – seine „eigene Geschichte" hat. So ist jegliche Auseinandersetzung mit der Homosexualität in seinem Für und Wider vorgeprägt. Dementsprechend wirft die Diskriminierung homosexueller Menschen in Vergangenheit und Gegenwart ihre Schatten voraus und beeinflusst unweigerlich jede Diskussion, so dass eine sachliche Auseinandersetzung fast unmöglich erscheint. Diese wäre aber von Nöten, da eine pauschale Beurteilung, in welche Richtung auch immer, der Sache in keinster Weise gerecht werden kann.

In unserer gesellschaftlichen und kirchlichen Landschaft gibt es immer wieder Vorurteile gegenüber Homosexuellen und ihrer Sexualität, allein wegen ihrer Andersartigkeit. Da man etwas nicht kennt, lehnt man es kategorisch ab. Doch auch das Wissen um den Niedergang antiker Kulturen, in denen Homosexualität als völlig normal galt, veranlasste in der Vergangenheit Geschichts- und Gesellschaftsforscher dazu, Alarm zu schlagen. Stehe doch jede Gesellschaft, die Homosexualität toleriere bzw. auslebe, vor ihrem Untergang.

In der heutigen Zeit kann ein Umdenken wahrgenommen werden, so dass immer weniger Opposition laut wird, die sich negativ gegenüber Homosexualität äußert.

Homosexuelle wurden in der nationalsozialistischen Zeit verfolgt. Durch den §175 des Deutschen Gesetzbuchs wurde Homosexualität verboten und als kriminell gewertet. Am 25. Juni 1969 wurde durch eine Gesetzesreform Homosexualität unter Erwachsenen erlaubt.

Homosexualität wurde zwischen Erwachsenen erlaubt. Es kam jedoch nicht zu einer Gleichstellung mit der Ehe bzw. heterosexuellen Partnerschaft. 1994 gab es eine weitere Änderung des Gesetzes. Der § 175 wurde völlig aus dem Gesetzbuch gestrichen. Obwohl die katholische Kirche 1999 deutliche Worte gegen eine homosexuelle Ehe und Partnerschaft fand, durften sich in Hamburg im selben Jahr homosexuelle Paare beim Standesamt eintragen lassen. Seit 2001 ist der Eintrag von Lebenspartnerschaften vom Gesetzgeber erlaubt. Am 17. Juli 2002 wurde eine Klage gegen Eheschließung von homosexuellen Paaren vom Bundesverfassungsgericht abgewiesen. Die Ehe von gleichgeschlechtlichen Paaren lässt sich seither mit dem deutschen Grundgesetz vereinbaren.

Hergemöller beschreibt die Situation im Deutschland des 20 Jh. mit dem Wort „ambivalent" und führt weiter aus:

> „Auf der einen Seite stehen die Erfolge der Verbands- und Gleichstellungspolitik, die Schritt für Schritt jahrhundertealte Bastionen schleift, auf der anderen Seite aber die amorphen und unausgesprochenen Repressionen der heteronormativen und homophoben Mehrheit, die sich in

einem schwer durchschaubaren Bereich zwischen unmittelbarer Gewaltausübung und scheinliberaler Sponsorin bewegt."

In neuerer Zeit wird Homosexualität vermehrt als etwas völlig Normales angesehen. Homosexuelle Politiker, Prominente oder Fernsehmoderatoren sind schon längst keine Seltenheit mehr. Doch ist eine große Unsicherheit in Bezug auf dieses Thema sowohl in der Gesellschaft als auch in unseren Gemeinden zu verspüren.

Zur Entstehung homosexueller Gefühle

Homosexualität ist seit dem 19. Jahrhundert Forschungsgegenstand, mit dem Ziel, Homosexualität als normativ zu erklären. Zuvor wurde kein solcher Versuch unternommen.

In kirchlicher und gesellschaftlicher Diskussion wird eine heftige Debatte geführt, in der man sich über die Entstehung von Homosexualität streitet. Eine immer größere Zahl von Ärzten und Wissenschaftlern lassen verlauten, dass Homosexualität eine genetische Veranlagung ist, die nicht umkehrbar sei.

Ein anderer Zweig wehrt sich gegen diese Behauptungen und geht davon aus, dass sie in der frühen Kindheit und Pubertät geprägt und „erlernt" und auf psychische Störungen zurückzuführen sei. Vertreter dieses Ansatzes räumen weiter ein, dass Homosexualität mehr oder weniger veränderbar sei. Im Folgenden sollen diese zwei Hauptströmungen einander gegenübergestellt werden, um sich ein klares Bild darüber zu verschaffen, was sie genau lehren und von welchen Ansätzen und Kausalitäten sie ausgehen. Doch wird man feststellen, dass auch hier ein Schwarz-Weißdenken nicht weiterhelfen wird, sondern nur dazu führt, dass sich die Fronten weiter verhärten.

Homosexualität – biologische Ursachen

Störung im Hormonhaushalt?

Diese Theorie geht davon aus, dass bei homosexuellen Menschen eine ungleichmäßige Hormonausschüttung für solch eine sexuelle Neigung verantwortlich ist. Demnach gibt es beim männlichen Homosexuellen eine stärkere Ausschüttung des Östrogens (weiblichen) Hormons (und umgekehrt). Begründet wurde diese These durch Untersuchungen von homosexuellen Männern, deren Blutwerte einen niedrigeren androgenen Wert (männliches

Sexualhormon) ergaben. Da sie jedoch keineswegs bei allen Untersuchten nachgewiesen werden konnten, stieß die Theorie auf Kritik, weil sie durch keine stichhaltigen Beweise untermauert werden konnte.

Glaubt man diesen Forschungen, könnte man davon ausgehen, dass es Homosexuelle gibt, bei denen es ein Überangebot von Östrogenen gibt, die ihre sexuelle Neigung mehr oder weniger beeinflussen könnten. Geht man weiter davon aus, dass verschiedene Faktoren eine homophile Neigung hervorrufen bzw. fördern können, muss jedoch nicht zwangsläufig davon ausgegangen werden, dass jede homosexuelle Neigung auf Hormone zurückzuführen ist.

Genetisch bedingt?

Das Problem bei der Behauptung, Homosexualität sei genetisch bedingt, besteht darin, dass man hierdurch zu einer weiteren Schlussfolgerung zu kommen versucht, die besagt: „Wenn Homosexualität genetisch bedingt ist, dann muss es „natürlich" sein und somit eine in der Schöpfung Gottes angelegte Sexualität" – das würde bedeuten, dass Gott die Homosexualität gewollt haben müsse, wird argumentiert.

Zell- und Genforscher haben immer wieder versucht, die homosexuelle Neigung auf Genetik und Erbanlagen zurück zu führen. Doch die so oft propagierte Meinung, dass es ein „homosexuelles Gen" gebe, nach dem der Homosexuelle von Geburt an so veranlagt sei, konnte bislang nicht eindeutig bestätigt werden. Selbst die von Dean Hamer durchgeführten Forschungen, denen zufolge es ein Schwulen-Gen geben soll, konnte bisher von keinem anderen Forscher wiederholt werden. Dennoch legen Hamer und Copeland in ihrem Buch Das unausweichliche Erbe sehr beeindruckende Forschungsergebnisse vor, die Hinweise für eine durch die Gene beeinflusste sexuelle Orientierung liefern. Sie weisen jedoch selbst darauf hin, dass die Gene nur eines von vielen Einflüssen sind, die eine sexuelle, wie auch immer geartete Orientierung vorgeben. Die Behauptung, dass die sexuelle Neigung allein auf den Genen beruhe, wird hierdurch jedoch nicht belegt.

Der Hirnforscher LeVay untersuchte die Gehirne von verstorbenen Männern, von denen 16 vermutlich homosexuell waren. Seinen Angaben zufolge entdeckte er eine Zellensammlung (kleines Nucleus), die der Größe nach den Weiblichen glich. Er schloss daraus, dass homosexuelle Männer deswegen femininer seien als Heterosexuelle. Diese Studie wurde jedoch stark kritisiert, da nicht mit Bestimmtheit geklärt werden konnte, welches Gehirn wirklich das eines homosexuellen Mannes war. Des Weiteren waren alle an AIDS gestorben, was sich nachhaltig auf die Gehirne ausgewirkt haben könnte. Jeder Versuch, diese Untersuchungen zu wiederholen, endete mit anderen Ergebnissen.

Edward T. Welch schreibt, dass selbst wenn man in der Zukunft beweisen könnte, dass Homosexuelle und Heterosexuelle unterschiedlich große INAH 3 aufweisen, es zum einen immer Ausnahmen geben und zum anderen dies das Schicksal des Einzelnen nicht besiegeln können würde, da die Sexualität ein zu vielschichtiges Gebiet sei, als dass man anhand dieser einen Sache ein verbindliches Urteil fällen könnte.

Dass nicht alle diese Ansicht teilen, zeigen Ulrich Giesekus Aufzeichnungen. Als ein Vertreter der Christlichen Psychologie und Seelsorge ist er davon überzeugt, dass es genetisch bedingte Veranlagungen geben kann, wenn dies auch nicht bei allen Homosexuellen der Fall sein muss. Aber auch wenn Homosexualität genetisch bedingt sein kann, heißt das nicht, dass der Betroffene dazu „verdammt" ist, diese auszuleben – er ist seiner Neigung nicht ausgeliefert. Demzufolge versteht Giesekus unter genetischer Veranlagung keine genetische Determinierung sondern eine richtungsweisende Neigung. Als Beispiel führt Giesekus die körperlichen Erbanlagen von Mann und Frau an, die besagen, dass das Körpergewicht gewissermaßen genetisch bedingt ist. Obwohl der Mann tendenziös dazu neigt, dieses „vorgegebene" Gewicht zu erreichen, stellt sich dies bei dem weiblichen Geschlecht in größerem Maße nicht ein. Da der Frau durch die Medien und Umwelt suggeriert wird, ein bestimmtes Körpergewicht zu haben und zu halten (ideales Schönheitsbild), erreicht sie ihr veranlagtes Gewicht oft nicht.

Durch Sport und eine „bewusste" Ernährung wird darauf geachtet eine bestimmte Marke nicht zu überschreiten. Demnach können genetische Erbanlagen vorliegen, die aber keineswegs den Menschen, in welcher Form auch immer, festlegen. Daraus ableitend sieht Giesekus die Möglichkeit einer genetisch beeinflussten sexuellen Neigung als durchaus denkbar.

Es gibt deutliche Hinweise einer biologischen Veranlagung die auf Beobachtungen zurückgeführt werden, die besagen, dass es bei den männlichen Verwandten der Mutter, die homosexuelle Söhne hat, eine deutlich höhere Anzahl von Homosexualität auftritt – wohingegen dies bei den Verwandten väterlicherseits nicht der Fall ist. Die Kritik, dass sich dies erziehungspsychologisch erklären ließe, kann Giesekus Ansicht nach nicht belegt werden, da es hierfür keine Beweise gebe.

Roland Werner, Theologe und Betroffener, spricht sich gegen eine genetische Veranlagung, also natürliche Homosexualität aus. Seinen Beobachtungen nach sind die Forschungsergebnisse, die Homosexualität genetisch erklären wollen, sehr umstritten. Doch geht Werner so weit zu sagen, dass im Falle eines echten Beweises dafür, dass Homosexualität ein genetischer Defekt sei, es den Menschen nicht von der biblischen Ethik befreie. Man müsste sich immer noch die Frage stellen, wie man damit umzugehen habe. Nur weil etwas als gegeben erklärt wird, muss es noch lange nicht gut geheißen werden. Er schließt nicht aus, dass der Sündenfall den Menschen auch in seiner Veranlagung und Genetik verändert haben könnte. Doch auch das würde ihn nicht vom biblischen Maßstab befreien, der nun einmal steht. Werner ist dennoch davon überzeugt, dass sich homosexuelle Neigungen im Laufe eines Lebens einstellen bzw. zum Vorschein treten, dies aber nicht als bewusste Willensentscheidung zu verstehen sei.

Diese Annahme begründet er anhand etlicher Lebensbilder homosexueller Menschen, bei denen keine genetischen, sondern psychologischen Vorgänge ausschlaggebend bzw. zu beobachten waren.

Die Zwillingsforschung

Bei der Zwillingsforschung, deren bekanntesten Vertreter Bailey und Pillard sind, wurde der Versuch unternommen, heraus zu finden, inwieweit es Übereinstimmungen in der sexuellen Orientierung von eineiigen (Gene sind völlig identisch) und zweieiigen (Gene sind verschieden) Zwillingen gibt. Zu diesem Zweck untersuchte man homosexuelle Zwillingspärchen. Ergebnis dieser Studien war, dass zwischen 50 und 60 % der eineiigen Zwillinge in ihrer Homosexualität übereinstimmten. Bei den zweieiigen Zwillingen gerade einmal 20 – 25 % (je nach Studie). Im Großen und Ganzen sind die Zahlen der einzelnen Studien ähnlich, was eine recht große Glaubwürdigkeit bescheinigt. Doch geben Kritiker zu bedenken, dass, wenn hierdurch eine genetische Homosexualität bewiesen werden sollte, eineiige Zwillinge nahezu 100 % Übereinstimmungen in ihrer sexuellen Orientierung aufweisen müssten, selbst wenn diese von Geburt an getrennt aufgewachsen wären. Die deutlich höheren Zahlen an Übereinstimmungen in ihrer sexuellen Neigung bei eineiigen Zwillingen könnte ihrer Meinung nach auch damit zusammen hängen, dass sie sich durch ihre enge Bindung zueinander gegenseitig beeinflussen. Weiter gab es Untersuchungen, bei denen die Probanden psychisch krank waren, teils sogar schizophren, was ein sauberes Ergebnis verhindern könnte. Eine weitere Frage war, ob man versucht hätte, die einzelnen Zwillingspärchen zu therapieren. Würden die Erfolge ausbleiben, könnte man den Versuchen eine gewisse Glaubwürdigkeit zugestehen.

Dennoch lassen die Ergebnisse der Zwillingsforschung durchaus eine mögliche genetische Veranlagung erkennen, auch wenn diese nicht eindeutig bewiesen werden kann. Da die Zwillingspärchen jedoch in ihrer sexuellen Ausrichtung nicht zu 100% übereinstimmen, bleiben Fragen offen, so dass auch hier keine eindeutigen Ergebnisse vorgelegt werden konnten.

Veränderungen der Chromosomen?

Im Zellkern eines Menschen befinden sich 46 Chromosomen, die zu 23 Paaren zusammengefasst sind. Von diesen 23 ist eines für das Geschlecht verantwortlich. Bei dem weiblichen Geschlecht sind es zwei gleiche Chromosomen (XX), beim männlichen Geschlecht zwei verschiedene (XY). (Das X Chromosom kommt von der Mutter und das Y Chromosom vom Vater.) Untersuchungen zu Folge soll es Menschen geben, die z. B. eine Folge von XXY Chromosomen aufweisen. Die Beobachtung, dass es durchaus zu verschiedenen Konstellationen kommen kann, führte zu dem Versuch, auch die Homosexualität hierdurch zu erklären. Klautke weist jedoch darauf hin, dass man im Laufe der Zeit eine derartige Vielfalt an (Chromosomen-) Kombinationen entdeckt hat (bei Männern wie bei Frauen), dass es unmöglich ist, anhand der Chromosomen fest zu machen, welchen Geschlechts der Einzelne nun ist. Auf der anderen Seite könnte hierdurch erklärt werden, wieso es Männer gibt, die eine stärker ausgeprägte feminine Seite haben und homosexuelle Tendenzen aufweisen. Das heißt zwar nicht, dass jeder Mann der eine entsprechende Chromosomenkombination aufweist auch homosexuell ist, doch muss in Betracht gezogen werden, dass dies sehr wohl eine derartige Tendenz „günstig" beeinflussen könnte. Folglich könnte sich hierdurch auch eine homosexuelle Neigung erklären lassen.

Bewertung und Stellungnahme

Wie gesehen kann die Behauptung einer genetischen Festlegung oder Vererbung von Homosexualität nicht handfest belegt werden und stößt in weiten Kreisen auf Kritik. Die Problematik liegt wohl darin, dass wissenschaftliche Ergebnisse, die Hinweise für biologische Veranlagungen liefern, in der Öffentlichkeit als eiserne Beweise angeführt wurden und man ihnen zu viel Gewicht gab. Daraus versucht(e) man dann die Homosexualität im Allgemeinen auf die Genetik zurückzuführen. Dass eine homosexuelle Lobby sich dieser Ergebnisse annimmt und sie zu etwas macht, was sie gar nicht sind, kann nachempfunden werden, doch lässt dies die wissenschaftlichen Beiträge in Misskredit geraten. Auf der anderen Seite lässt sich im christlichen Lager eine ähnliche Vorgehensweise beobachten, da diese allem Anschein nach mit der Voraussetzung, dass es keine genetische Komponente geben kann, derartige Forschungen beleuchtet und schon vor Beginn der Untersuchung ihr Urteil gefällt hat. Man will die Möglichkeit einer veranlagten homosexuellen Neigung nicht in Betracht ziehen. Vielmehr setzt man alles daran, diese Forschungen zu widerlegen.

Giesekus wählt einen Mittelweg, der vernünftig scheint, wenn er anerkennt, dass es Hinweise für biologische Aspekte der Homosexualität gibt. Doch kann nicht angenommen werden, dass es sich hierbei um eine genetische Festlegung der sexuellen Ausrichtung handeln kann, sondern lediglich um eine richtungsweisende Tendenz. Der Betroffene wird anfälliger sein für homosexuelle Gefühle, kann jedoch entscheiden ob er nach ihnen leben möchte oder nicht.

Roland Werner hält es zumindest für möglich, dass durch den Sündenfall auch eine genetische „Deformierung" stattgefunden haben kann, welche durchaus auch eine homosexuelle Neigung hervorrufen könnte.

Doch stellt sich die Frage, ob eine biologische, genetisch bedingte, wie auch immer geartete Neigung als Norm gelten muss und von daher Gott gewollt ist. Denn auch wenn Rauchen in unserer Gesellschaft als etwas Normales gilt, weiß man, dass dies dem Körper schadet. Daraus ist zu schließen, dass das, was als normal gilt nicht zwangsläufig gut bzw. zu befürworten ist.

Würde man dem Gedanken einer genetischen, triebhaften Festlegung folgen, wäre der Mensch ein willenloses Individuum, welches seinen Veranlagungen hilflos ausgeliefert ist. Doch muss man hier, bei genauerer Überlegung zu dem Schluss kommen, dass der Mensch ein bewusst handelndes Wesen ist. Wenn dem so ist, kann er erkennen, bewerten und dementsprechend, wie sein Urteil ausfällt, entscheiden, das eine zu tun und das andere zu lassen. Hierdurch würde auch die Eigenverantwortung des Einzelnen mehr hervorgehoben werden.

Unanfechtbare Beweise für eine genetisch veranlagte Sexualität, wie es oft publiziert wird, gibt es nicht. Jedoch liefert die Forschung Hinweise dafür, so dass biologische Faktoren durchaus Einfluss auf die menschliche Sexualität haben können.

Joseph Nicolosi sagte zu dem Vorwurf, dass er eine genetische Veranlagung zur Homosexualität grundsätzlich ablehnt:

> „Ich leugne die biologischen Dispositionen, welche die Entstehung einer Homosexualität begünstigen, nicht prinzipiell, aber selbst die schwulen Forscher wie Simon LeVay, Baily und Pillard so wie Hamer – die vier Hauptforscher, die versuchen, die biologischen Ursachen zu finden – sagen, dass die Prägung durch die Umwelt mindestens 50% ausmache […]."

Psychologische Ursachen für Homosexualität

Es gibt eine Reihe von Psychologen, die Homosexualität (Neigungshomosexualität) auf psychosexuelle Entwicklungsstörungen in der Kindheit zurückführen. Diese These wird gestützt durch die Beobachtung jahrelanger Behandlung und Begleitung homosexueller Menschen. Daneben gibt es noch weitere Modelle, durch die versucht wird, eine homosexuelle Konstitution zu erklären. Die Selbstmitleidstheorie von G. J. M. Van den Aardweg wird zu einem späteren Zeitpunkt zur Sprache kommen, da in diesem Zusammenhang auch über eine mögliche Therapie zu sprechen sein wird und Van den Aardweg einen sehr eigenen und originellen Weg geht, der sich von anderen Theorien und Ansätzen unterscheidet.

Tiefenpsychologischer Ansatz

Diese Theorie wird von den meisten christlichen Psychologen und Seelsorgern vertreten, vermutlich weil hierbei eine Heilung am wahrscheinlichsten erscheint. Der Mensch ist von seiner Geburt an auf der Suche nach seiner Identität. Diese erwächst, meist unterbewusst, aus der jeweiligen Lebensgeschichte des Einzelnen. Kann diese sich gesund entwickeln, so entsteht in der jeweiligen Person eine Art „Sicherheitsgefühl". Dies gibt dem Einzelnen darüber Auskunft, wer er oder sie ist (Mann oder Frau). Hoffman betont, dass hierbei die Beziehung zum gleichgeschlechtlichen Elternteil unabdingbar ist, da sich nur so eine gesunde Persönlichkeit entwickeln kann. Man weiß, so Buckley, dass eine übersteigerte Gefühlsbindung eines Kleinkindes oder die Abwesenheit eines Elternteils (Scheidung der Eltern etc.)

oder andere Gegebenheiten die Entwicklung der Persönlichkeit stört. In der Sexualwissenschaft wird davon ausgegangen, dass das Kind im frühen Alter (3.-4. Lebensjahr) eine starke Gefühlsbindung an die Mutter erlebt.

Diese Bindung löst sich jedoch im Normalfall sobald das Kind sein eigenes Geschlecht, seine Identität, erkannt und bejaht hat. Im zunehmenden Alter wird das Kind sich mehr am Elternteil des gleichen Geschlechts orientieren. Bei einer Fehlentwicklung kann es jedoch dazu kommen, dass sich beispielsweise der Junge an seiner Mutter orientiert und im Gegenzug seine „zärtlichen Wünsche" auf den Vater, also das männliche Geschlecht richtet, so dass sich der heranwachsende Knabe in späteren Jahren immer mehr zu Männern hingezogen fühlt. Ist dagegen eine gesunde Selbstfindung, das heißt eine gesunde Identität herangewachsen, so dass das Kind sagen kann, was bzw. wer es ist (Junge oder Mädchen), kann es sich auch mit seinem Geschlecht identifizieren und so eine gesunde Sexualität entwickeln.

Ist diese Phase abgeschlossen, nimmt das Kind seine Geschlechterrolle ein und entwickelt sie. Darunter ist zu verstehen, dass „männliche" bzw. „weibliche" Verhaltensweisen erlernt werden. Dies geschieht durch Vorbilder, Identifikation und Anregungen aus der Umwelt. Hat sich ein Kind gesund entwickelt, wird der Junge maskuline Verhaltensweisen an den Tag legen und das Mädchen typisch weibliche Züge zeigen. Im Umkehrschluss bedeutet das, dass Kinder, die ihre Identitätsfindung nicht abgeschlossen haben, Probleme in ihrer sexuellen Entwicklung aufweisen und es so später zu homosexuellen Verhaltensformen kommen kann. Denn wo eine Person sich nicht mit dem eigenen Geschlecht identifizieren kann, kommt es, wenn auch nicht zwingend, zu einer Orientierungslosigkeit im Bereich der Partnerwahl.

Ideale Voraussetzungen für eine gesunde Entwicklung liegen in einem harmonischen Elternhaus. Darunter ist zu verstehen, dass die Eltern beide ihre Verantwortung für die Kinder wahrnehmen.

Ist der Vater jedoch „abwesend", lieblos und herrisch kann der sensible Junge unter Umständen keine emotionale Bindung zu seinem Vater aufbauen.

Für die gesunde Persönlichkeitsentfaltung braucht der Junge Bestätigung und Ermutigung vom Vater. Ist der Vater abweisend und kühl, wendet sich der Sohn vom Vater ab und sucht die emotionale Nähe zu seiner Mutter.

Doch kann auch eine vereinnahmende Mutter, die sehr dominant ist und ihren Sohn emotional an sich bindet, in gleicher Weise verhindern, dass der Junge sich von seiner Mutter lösen kann. Durch einen solchen fehlgeschlagenen

Beziehungsaufbau zum Vater, der für die Weiterentwicklung des Jungen so wichtig ist, kommt es zu einer Identitätskrise, da er nicht weiß, wer er ist. Diese Krise kann in Homosexualität münden. Durch das Ausleben der Sexualität mit Männern sucht er nach seiner Identität und versucht sich die Männlichkeit des Sexualpartners „einzuverleiben".

Vertreter dieses Ansatzes gehen also davon aus, dass ein Konflikt im Beziehungsgeflecht der Familie dazu führt, dass der Junge in eine Krise seiner Identitätsentwicklung gerät. Er ist daher anfälliger für eine homosexuelle Verführung, so McDowell und Hostetler in ihrem Handbuch für Jugendseelsorge. Doch muss eingeräumt werden, dass dieser Ansatz nicht wirklich eine Klärung bringt, da Kinder unter denselben Umständen keine Homosexualität entwickeln und wieder andere, die in gesunden Familienstrukturen aufwachsen, auch eine homosexuelle Disposition aufweisen können. So fragt Giesekus, ob Konflikte in der Kindheit wirklich zur Homosexualität führen oder nur den Ausschlag geben, eine schon vorhandene Neigung zum Vorschein zu bringen?

Auch wenn man beschriebene Familienstrukturen bzw. Elternbeziehungen bei Homosexuellen ausmachen konnte, wurden gleiche Strukturen und Beziehungsgeflechte bei heterosexuellen Menschen nachgewiesen.

Demnach lässt dieser Ansatz Vermutungen zu, die nicht eindeutig wissenschaftlich belegt werden können. Eibach stellt aber klar, dass dennoch nicht bezweifelt werden kann, dass es eine erlernte bzw. erworbene Homosexualität gibt.

Lerntheoretischer Ansatz

Dieser Ansatz geht davon aus, dass der Mensch ein fortwährend lernendes Individuum ist. Darunter ist zu verstehen, dass er bestimmte Verhaltensmuster erlernt und verinnerlicht. Dabei ist ausschlaggebend, dass sich das Individuum für jenes Verhalten entscheidet, welches seiner Ansicht nach positive bzw. angenehme Folgen nach sich zieht (Operantes Konditionieren). Durch das Wiederholen bestimmter Verhaltensweisen oder Tätigkeiten werden diese verinnerlicht und schließlich tief im Innern verwurzelt.

Geht man beim Menschen von einem bisexuellen Wesen aus, das ebenso erotische Neigungen zum eigenen Geschlecht wie zum anderen entwickeln kann, so wird er diese durch bestimmte Handlungsweisen im Laufe des Lebens erlernen und schließlich verstärken. Hierbei können erotische

Phantasien und sexueller Verkehr einen nachhaltigen Einfluss üben, so dass eine bestimmte sexuelle Richtung eingeschlagen wird. Da man dies in vielen Bereichen des Lebens beobachten kann, scheint die Annahme eines „sich Aneignens" der Sexualität als durchaus schlüssig. Doch zeigt die Erfahrung, dass Homosexualität nicht zwingend erlernt sein muss, sondern bestimmte Faktoren und Umstände dazu führen können, dass eine bereits veranlagte homophile Neigung in ihrer Ausprägung verstärkt wird.

So erzählt Giesekus von einem homosexuellen jungen Mann, der in seiner Kindheit deutlich heterosexuelle Züge aufwies, doch durch ein traumatisches Erlebnis mit dem anderen Geschlecht in der Kindheit sich seiner, wahrscheinlich schon veranlagten homosexuellen Neigung zuwand, da er hier positive Erfahrungen machte.

Bewertung und Stellungnahme

Der tiefenpsychologische Ansatz, der besonders in christlichen Kreisen großen Widerhall findet, ist nicht so beweisbar wie man glauben möchte. Dieser Ansatz beruht auf Erfahrungen und Beobachtungen in der Psychotherapie, aus denen man Schlussfolgerungen gezogen hat. Die Gründe scheinen logisch, nachvollziehbar und plausibel zu sein. Mit Sicherheit kann und muss dieser Erklärungsversuch ernst genommen werden und darf nicht von der Hand gewiesen werden, wie es in vielen Kreisen getan wird. Seine Glaubwürdigkeit liegt zahlreichen Berichten zugrunde, die diese Theorie stützen und untermauern. Doch auch bei den Vertretern dieser Theorie lässt sich nicht abstreiten, dass sie eine sehr voreingenommene Haltung gegenüber anderen Ansätzen und Forschungen einnehmen, was einen Dialog zwischen beiden verhindert.

Es kann angenommen werden, dass in Bezug auf Homosexualität der Bereich der Genetik und Vererbung deswegen abgestritten wird, weil hierdurch die Verantwortung vor Gott und die Möglichkeit einer Heilung bzw. Änderung in der sexuellen Ausrichtung gemindert werden würde. So sieht Nicolosi in der Behauptung, dass es biologische wie genetische Faktoren gebe, ein dem Homosexuellen gerade recht kommendes Argument gegen eine Veränderung in seiner Sexualität. Aber auch wenn dieser Gedankengang nachvollziehbar ist, darf das nicht dahin führen, dass solche Hinweise deswegen abgelehnt bzw. verleugnet werden.

Es kann nicht bestritten werden, dass frühkindliche Erlebnisse, Familienkonstellationen und die Beziehung zu beiden Elternteilen für die Entwicklung eines Kindes einen sehr prägenden Charakter haben und für die Weiterentwicklung einer Persönlichkeit ausschlaggebend sind.

Auch die Beobachtung etlicher Psychologen und Therapeuten, dass bei vielen Betroffenen die Ursache ihrer Homosexualität in ihrer Kindheit liegt, kann nicht gänzlich von der Hand gewiesen werden, da selbst ehemals Homosexuelle dies bestätigen. Jedoch wäre es falsch, wenn man den Anspruch erheben würde, dass dies auf jeden Homosexuellen zutrifft, da längst nicht jeder von ihnen eine traumatische Kindheit erlebt hat.

Weiter muss überlegt werden, ob nicht in einem so großen und vielschichtigen Bereich wie der Sexualität möglicherweise viel mehr Faktoren zusammenspielen als man bislang festgestellt hat. Ist dies der Fall, sollte man sich anderen Theorien annähern, sie beurteilen und ihre Zusammenhänge herausarbeiten, anstatt sie gegeneinander auszuspielen. Der lerntheoretische Ansatz liefert deutliche Hinweise, die die Entstehung homosexueller Neigungen klären können, doch stellt sich die Frage, ob er nicht vielmehr dazu beiträgt, dass eine sexuelle, veranlagte Neigung, in welche Richtung auch immer, verstärkt werden kann.

Homosexualität – ein multikausales Modell

Ulrich Giesekus vertritt die Ansicht, dass es sich bei der Entstehung homophiler Neigungen um ein „multikausales Entstehungsmodell" handelt. Seiner Ansicht nach ist der Mensch ein möglicherweise bisexuell veranlagtes Wesen. Es ist anzunehmen, dass der Mensch in der Regel nicht gänzlich heterosexuell noch homosexuell erregbar ist, doch gibt es auch hier Ausnahmen. Die sexuelle Orientierung wird im Heranwachsen durch verschiedene Einflüsse in die eine oder andere Richtung gesteuert. Neben biologischen Veranlagungen spielen mit großer Wahrscheinlichkeit frühkindliche Erfahrungen wie ein lebenslanger „Lernprozess" eine entscheidende Rolle. Auch die persönliche Entscheidung des Einzelnen wird dazu beitragen, sich in die eine oder andere Richtung zu entwickeln. Hierbei spielt besonders das praktizierte Sexualleben des Einzelnen eine große Rolle.

Der Mensch ist nach dieser Auffassung in beide Richtungen (heterosexuell und homosexuell) möglicherweise offen, doch wird sein Sexualverhalten darüber entscheiden, in welche Richtung er sich letztlich entwickelt. Verstärkt wird die eigene Neigung durch seine lustvollen sexuellen Phantasien.

Die Annahme, dass der Mensch bisexuell ist, beruht auf den Untersuchungen Kinseys, die besagen, dass ein großer Prozentsatz (37%) heterosexueller Männer in früheren Jahren homosexuelle Kontakte bis hin zum Orgasmus hatte und diese teilweise auch suchte. Doch sind Giesekus Ansicht nach die Zahlen möglicherweise zu hoch angesiedelt. Fest steht, dass eine große Anzahl Heterosexueller homosexuelle Kontakte suchte und hatte.

„Ein großer Anteil der Bevölkerung praktizierte sowohl homo- als auch heterosexuellen Geschlechtsverkehr. Es ist naheliegend, dass ein noch größerer Anteil dazu in der Lage wäre, aber aufgrund von Überzeugungen, ethischen und kulturellen Normen usw. zugunsten einer eindeutigen heterosexuellen Präferenz auf homosexuelle Erfahrungen verzichtet."

Bewertung und Stellungnahme

Den Ansatz, dass eine sexuelle Ausrichtung durch verschiedene Faktoren beeinflusst wird, scheint das plausibelste Modell zu sein. Verbindet es doch einige, teils sehr unterschiedliche, jedoch mehr oder weniger „belegte" Ansätze miteinander und wird einem so komplexen Gebiet wie der Sexualität am ehesten gerecht. Grenzen sind jedoch auch hier gesetzt, da man schwerlich sagen kann, in wie weit diese Faktoren beim Einzelnen zusammenhängen. So werden bei dem Einen kindheitliche Erfahrungen, beim Anderen vererbte Faktoren einen größeren Ausschlag geben, wieso er oder sie letztendlich homosexuell (geworden) ist.

Fazit

Nach Betrachtung der einzelnen Ansätzen und Forschungen muss festgehalten werden, dass die Entstehung der Homosexualität letztlich nicht genau geklärt werden kann. Es gibt verschiedene Ansätze, die ihre Berechtigung haben und ihren Beitrag leisten doch kann keine von ihnen den Anspruch erheben, allein eine Antwort zu liefern. Am wahrscheinlichsten ist ein Zusammenwirken mehrerer Komponenten, wenn man auch nicht genau weiß, wie dies im Einzelnen geschieht.

„Weil die Hintergründe bzw. Ursachen der homosexuellen Orientierung multikausal sind, ist es m. E. wenig sinnvoll, viel Zeit in die Beratung für deren Erforschung aufzuwenden. Eine solche Vorgehensweise ist natürlich nur dann akzeptabel, wenn man die Grundannahme mitträgt, die es erlaubt, mit einem Ratsuchenden auch dann zu Erfolgen zu kommen, wenn man am Verhalten und nicht an den Ursachen arbeitet."

Exkurs: Homosexualität und Gesundheit

In den 80er Jahren wurden in Europa ca. 85% aller HIV Erkrankten in der homosexuellen Szene gefunden. Doch sollte erwähnt werden, dass in Afrika die Mehrheit der HIV Infizierten unter den Heterosexuellen zu finden ist. Wenn man diesen Angaben glaubt, wird man die Frage stellen müssen, ob AIDS nicht doch das Resultat einer allgemeinen promiskuitiven Lebensweise ist, und nicht allein Folge einer homosexuellen Lebensweise.

Bekannt ist allerdings, dass der bevorzugte Analverkehr, der als Alternative zum heterosexuellen Vaginalverkehr stehen soll, den Körper in Mitleidenschaft zieht und nicht über Jahre ohne Folgen ausgeübt werden kann. Des Weiteren ist die Gefahr einer Verletzung des Analbereichs erhöht, da er nicht für den Geschlechtsakt geschaffen ist. Durch den analen Verkehr zwischen männlichen Homosexuellen kommt der aktive Partner mit dem Kot des Anderen in Berührung, was bei Verletzungen den HI-Virus weitergeben kann. Die Wände des Rektums können dem Druck des männlichen Glieds nicht standhalten, so dass es zu kleinen Rissen und Blutungen kommt.

Durch eine Vermischung von Blut und Kot ist das Infektionsrisiko sehr hoch. Außerdem wird der Schließmuskel des passiven Partners in Mitleidenschaft gezogen, was zu einer Inkontinenz führen kann. Inkontinenz unter Homosexuellen ist in medizinischen Kreisen bekannt und kann nicht abgestritten werden.

Das Spermium des aktiven Partners gelangt ebenfalls in den analen Bereich. Im heterosexuellen Verkehr ist dies unproblematisch, da die Vagina so gebaut ist, das die Spermien nicht in die Blutbahnen geraten können. Im analen Verkehr ist dies jedoch nicht gegeben, und so können die Immunfunktionen des Körpers gestört werden. Durch den hohen Anteil von Antigenen in den Spermien wird das Immunsystem so sehr belastet, dass es schließlich zu Immun – Dysfunktionen kommt; der Betroffene ist anfälliger für Krankheiten.

Diese Erkenntnisse aus der Medizin machen einen homosexuellen Lebenswandel, allein aus diesem Blickwinkel sehr fraglich, da sie anscheinend nicht so normal sein kann, wie oft behauptet wird.

Exkurs: Homosexualität in der Bibel

In der Diskussion rund um die Homosexualität ist es unabdingbar, neben den humanen Wissenschaften den biblischen Befund anzuführen. Doch wird in der Schrift dieses Thema längst nicht in einem solchen Ausmaß behandelt wie andere Bereiche. Hier soll nun ein Überblick über die wesentlichen biblischen Aussagen zur Homosexualität verschafft werden, die sich klar zu dieser Thematik äußern.

Homosexualität im AT

Genesis 19

Die Bibel erwähnt Homosexualität das erste Mal in Genesis 19. Es wird erzählt, dass zwei Boten Gottes am Abend in Sodom eintrafen und Lot sich ihrer annahm, um sie bei sich zu beherbergen. Die Männer der Stadt erfuhren davon, kamen zu Lots Haus und sagten: „Gib sie uns heraus, wir wollen sie erkennen." (V.6).

Das hebräische Wort für „erkennen" (ידע) kann auch mit „wissen" übersetzt werden und bezieht sich im Besonderen auf die Beziehung zwischen Personen, besonders zwischen Ehepartnern.

Erkennen kann neben „wissen", „gewahr werden" auch den Geschlechtsverkehr meinen, sowohl den zwischen Mann und Frau als auch den Gleichgeschlechtlichen.

In Genesis 19,5 ist der Geschlechtsakt zwischen Gleichgeschlechtlichen, also der homosexuelle Verkehr gemeint, wohingegen in Vers 8 vom Beischlaf des Mannes mit einer Frau die Rede ist. Dies wird allein schon durch den gegebenen Kontext ersichtlich. Das mit „erkennen" nicht „kennen lernen" gemeint sein kann, wird auch durch den Gebrauch des Wortes im Buch Genesis deutlich. Genesis 1,4 Adam erkannte Eva, seine Frau; sie wurde schwanger und gebar Kain.

Der Versuch seitens Valeria Hinck, die Sünde einzig und allein in der beabsichtigten „gewaltsamen sexuellen Handlung" und einer „Vergewaltigung durch eine ganze Gruppe" zu sehen, kann nicht mit wirklich stichhaltigen Beweisen untermauert werden. Spätestens durch Judas 7 wird deutlich, dass es sich hier um homosexuelles Vergehen an sich handelt.

Auch Sodom und Gomorra und ihre Nachbarstädte sind ein Beispiel: In ähnlicher Weise wie jene trieben sie Unzucht und wollten mit Wesen anderer Art verkehren; daher werden sie mit ewigem Feuer bestraft.

Das hier angeführte griechische Wort ἐκπορνεύω bedeutet „Unzucht treiben", „ausschweifend leben" und bezieht sich auf ein generell sexuelles Vergehen und weder auf eine Gruppenvergewaltigung noch auf ein gewaltsames Erzwingen des sexuellen Verkehrs.

Des Weiteren ist es jedoch fraglich, ob die Homosexualität ausschlaggebend für das Gericht Jahwes war. Es scheint logischer, davon auszugehen, dass in der Stadt Sodom sexuelle Perversionen aller Art ausgelebt wurden. Homosexualität gehörte anscheinend zu den normalen Praktiken und wurde allgemein akzeptiert.

Also kann davon ausgegangen werden, dass Homosexualität nicht die Sünde war sondern eine von vielen (auch sexuellen) Vergehen, die Gottes Gericht nach sich zogen.

Richter 19

In Richter 19,22ff wird eine ähnliche Geschichte erzählt wie in Genesis 19. Die Männer von Gibea wollen den männlichen Gast eines Hausbesitzers „erkennen". Doch schützt der Gastgeber diesen und gibt ihnen stattdessen die Nebenfrau heraus (V.25). Diese wird darauf hin die ganze Nacht hindurch vergewaltigt und stirbt als Folge dessen am nächsten Morgen (V. 25f).

Auch hier wird das hebräische Wort ידע benutzt, um auf ein homosexuelles, wenn auch nur versuchtes Vergehen, hinzudeuten, was ebenfalls der Kontext verdeutlicht. Doch kommt es nicht dazu und stattdessen vergehen sich die Männer an der Frau. Darauf folgt ein Krieg gegen den benjaminitischen Stamm, der dabei fast ausgelöscht wird. Grund war ohne Frage die Vergewaltigung der Frau, die an den Folgen verstarb und nicht die versuchte Vergewaltigung des Mannes. Doch lässt die Reaktion des Leviten in Vers 23 („Nein, meine Brüder, so etwas Schlimmes dürft ihr nicht tun. [...] darum dürft ihr keine solche Schandtat begehen.") erkennen, dass die Gastfreundschaft und der Schutz vor einem homosexuellen Übergriff höheren Stellenwert hatte als der Schutz der Frauen. Daraus ist zu schließen, dass ein homosexuelles Vergehen schändlicher war als die Vergewaltigung einer Frau.

Die Levitikus-Stellen

In den mosaischen Gesetzgebungen gibt es zwei sehr eindeutige Belege, die eine homosexuelle Praxis verurteilen:

> Du darfst nicht mit einem Mann schlafen, wie man mit einer Frau schläft; das wäre ein Gräuel. (Lev 18,22)

Schläft einer mit einem Mann, wie man mit einer Frau schläft, dann haben sie eine Gräueltat begangen; beide werden mit dem Tod bestraft; ihr Blut soll auf sie kommen. (Lev 20,13)

Obwohl diese Belege recht eindeutig sind, fragen Kritiker der traditionellen Auslegung, welche Art der Homosexualität hiermit gemeint ist.

Sie gehen davon aus, dass hier keineswegs Homosexualität generell verboten wird, sondern nur die Tempelprostitution, die vermutlich auch mit kultischen Ritualen einherging. Israel als Bundesvolk sollte sich von den umliegenden Religionen und Völkern abgrenzen und durch bestimmte Regeln und Gesetze vor den Einflüssen anderer geschützt werden. Tempelprostitution war wie jede andere Form der Prostitution auch in Israel verboten (Dtn 23,18f). Demnach steht nach Meinung der Kritiker nicht die Homosexualität als solches im Vordergrund des Verbotes, sondern die Prostitution so wie die kultische Abgrenzung zu den übrigen Kulturen. Nur wird das an diesen Stellen nicht ausdrücklich gesagt, so dass eine solche Interpretation sehr fraglich erscheint. Wenn diese Textstellen ausdrücklich den gleichgeschlechtlichen Verkehr verurteilen, kann nicht ernsthaft behauptet werden, dass dahinter die Tempelprostitution steht und diese das eigentliche „Gräuel" ist. Der Versuch solch einen Beweis anzutreten, kann nicht ernst genommen werden. Weiter wird argumentiert, dass diese Verbote für unsere Zeit nicht länger gelten, da es sich bei diesen Stellen um einen Teil des alttestamentlichen Ritualgesetzes handelt. Es ist jedoch anzunehmen dass diese Gesetze eine Widerspiegelung der anerkannten Schöpfungsordnung sind, die klar macht, dass Jahwe von Beginn an die heterosexuelle Beziehung geplant und gewollt hatte. Auch Lev 18,5 macht deutlich, dass diese Gebote auch heute noch Gültigkeit haben.

So heißt es dort:

> Ihr sollt auf meine Satzungen und meine Vorschriften achten. Wer sie einhält, wird durch sie leben.

Homosexualität im NT

Römer 1

Darum lieferte Gott sie entehrenden Leidenschaften aus: Ihre Frauen vertauschten den natürlichen Verkehr mit dem widernatürlichen; ebenso gaben die Männer den natürlichen Verkehr mit der Frau auf und entbrannten in Begierde zueinander; Männer trieben mit Männern Unzucht und erhielten den ihnen gebührenden Lohn für ihre Verirrung. (Römer 1,26.27)

In Römer 1 beschreibt Paulus, dass die Heiden eine gewisse Gotteserkenntnis haben können, da die Schöpfung von Ihm Zeugnis gibt. Doch steht der Gottlose dieser Erkenntnis rebellisch und uneinsichtig gegenüber, so dass Gott ihn unter Gericht stellt. Da sich der Mensch von Gott abwendet und sich von seinem Schöpfer emanzipiert, kommt es zu einer Verkehrung des Verhältnisses zwischen Mensch und Gott. Dies zieht den Zorn Gottes nach sich, der sich darin zeigt, dass er sie den „Begierden ihrer Herzen, in die Unreinheit" dahingibt (die weiteren Verse machen deutlich, dass es hier nicht nur um Homosexualität geht. Vgl. Verse 29-32), was sich darin äußert, dass sie „ihre Leiber untereinander schänden" (V. 24 Elberfelder). In Vers 26 und 27 schreibt Paulus, was mit dem „ihre Leiber untereinander Schinden" gemeint ist: Sie wenden sich vom heterosexuellen Verkehr ab und suchen stattdessen den Homosexuellen.

> „Der Mensch kennt wohl das göttliche Gebot, wie er ja um Gott aus seiner Werkoffenbarung weiß, aber er kümmert sich nicht darum, sondern lebt und liebt im Gegensatz zu Gottes Ordnung."

Kritiker behaupten, dass Paulus nichts von einer veranlagten Homosexualität wusste und im Grunde nur die homosexuelle Handlung von Menschen, die eigentlich heterosexuell veranlagt sind, verurteilt. Das Argument stützt sich auf die Aussage: „[…] gaben die Männer den natürlichen Verkehr mit der Frau auf". Es handelt sich bei den beschriebenen Personen um Heterosexuelle, die sich, wie Valeria Hinck schreibt, außerhalb des „geschützten Rahmens sexueller Beziehung", in Unverbindlichkeit und Partnerwechsel (Promiskuität) stürzen.

Demnach kann Paulus hier auch keine homosexuellen Beziehungen meinen, die auf Liebe und Treue gegründet ist, so ihre Argumentation. Diese Begründung setzt jedoch voraus, dass Paulus hier zwischen „sündhafter" und „erlaubter" Homosexualität unterscheidet. Doch diesen Unterschied macht die gesamte Heilige Schrift nicht, so dass eine solche Vorrausetzung nicht gegeben ist. In der Antike, so weiß man, wurde zwischen homosexueller Handlung, welche als die reine Liebe galt und der homosexuellen Tempelprostitution, die in den meisten Fällen verurteilt wurde, unterschieden. Man kann mit großer Wahrscheinlichkeit davon ausgehen, dass Paulus davon wusste, doch unternahm er eine derartige Differenzierung nicht. Folglich verurteilte Paulus jede Art der Homosexualität, da er ansonsten deutlich unterscheiden müsste. Der Apostel unterscheidet bei anderen Dingen durchaus, beispielsweise beim Trinken von Alkohol (Gal 5,21; 1.Tim 5,23). So wäre es sehr verwunderlich, wenn er dies nicht auch hier täte, sofern er nicht jede Art der homophilen Liebe verurteilen würde.

Wenn Paulus hier schreibt, „gegen die Natur", kann eine deutliche Verbindung zur Schöpfungsgeschichte und seiner Ordnung in Genesis 1,26f, gesehen werden. Gott schuf Mann und Frau, er schuf sie füreinander und zueinander, damit sie ein Fleisch werden (Gen 2,24). Daraus folgt, dass eine homosexuelle Partnerschaft, wie auch immer sie aussehen mag und praktiziert wird, in keinster Weise mit dem Willen Gottes und der von ihm vorgegebenen Ordnung zu vereinbaren ist.

<u>Kor 6,9-11 und 1. Tim 1,8-11</u>

Wißt ihr denn nicht, daß Ungerechte das Reich Gottes nicht erben werden? Täuscht euch nicht! Weder Unzüchtige noch Götzendiener, weder Ehebrecher noch Lustknaben, noch Knabenschänder, noch Diebe, noch Habgierige, keine Trinker, keine Lästerer, keine Räuber werden das Reich Gottes erben. Und solche gab es unter euch. Aber ihr seid reingewaschen, seid geheiligt, seid gerecht geworden im Namen Jesu Christi, des Herrn, und im Geist unseres Gottes. (1.Kor 6,9-11)

Wir wissen: Das Gesetz ist gut, wenn man es im Sinn des Gesetzes anwendet und bedenkt, daß das Gesetz nicht für den Gerechten bestimmt ist, sondern für Gesetzlose und Ungehorsame, für Gottlose und Sünder, für Menschen ohne Glauben und Ehrfurcht, für solche, die Vater oder Mutter töten, für Mörder, Unzüchtige, Knabenschänder, Menschenhändler, für Leute, die lügen und Meineide schwören und all das tun, was gegen die gesunde Lehre verstößt. So lehrt das Evangelium von der Herrlichkeit des seligen Gottes, das mir anvertraut ist. (1.Tim 1,8-11)

In diesen beiden Schriftstellen zählt Paulus eine Reihe von Sünden auf, die mit dem christlichen Glauben und der Nachfolge Jesu nicht zu vereinbaren sind. In 1. Kor 6,9 steht das griechische Wort μαλακοὶ, welches mit „Weichlinge" übersetzt werden kann und die passive Homosexualität meint, und das Wort ἀρσενοκοῖται (dasselbe steht auch in 1 Tim 1,10), was mit „der mit Männern oder Knaben Unzucht treibt" zu übersetzen ist und die aktive Homosexualität meint. Beide Worte bezeichnen einen homosexuellen Verkehr. Paulus wusste um den sexuellen Verkehr zwischen gleichgeschlechtlichen Menschen und verurteilt diesen. Auch in Korinth war die homosexuelle Praxis durchaus gängig, so dass Paulus davor warnt, es den Griechen gleich zu tun. Paulus geht hier nicht auf eine homosexuelle Veranlagung oder Neigung ein, obwohl er davon wissen musste, da dies auch damals schon bekannt war. Er spricht die homosexuelle Praxis prinzipiell an und schreibt den Korinthern, dass sie diese wie das Stehlen, den Ehebruch etc. als neugeborene Christen nun unterlassen sollen. Der Apostel scheint es als selbstverständlich anzusehen, dass auch ein Homosexueller als Gläubiger von nun an ein solches Tun unterlässt. Wenn Paulus schreibt, „solche gab es unter euch", räumt er ein, dass es möglich ist, diese genannten Sünden nicht mehr zu tun, geschweige denn tun zu müssen.

Bewertung und Stellungnahme

Homosexualität findet in der Bibel klare Erwähnung. Die praktizierte Homosexualität wird sowohl im AT wie auch im NT verurteilt und als Sünde hingestellt, die Gott ein Gräuel ist. Auch wenn Wiedemann und andere behaupten, dass die Bibel Homosexualität nicht verbieten würde, da ihr „homosexuelle Liebe" gänzlich unbekannt sei, kann eine objektive Auseinandersetzung mit der Schrift zu keinem solchem Urteil kommen, wie die Untersuchungen der einzelnen biblischen Belege gezeigt haben. In der Argumentationskette Wiedemanns, Valeria Hinck und anderer Autoren wird die Liebe im Besonderen betont, so dass behauptet wird: „Liebe kann doch keine Sünde sein"! Doch stellt sich hier die Frage, ob das, was Gott als verwerflich erklärt, wirklich als Liebe bezeichnet werden kann. Des Weiteren muss gesagt werden, dass hier nicht unser Maßstab, nicht unsere Definition von Liebe das Maß aller Dinge ist, sondern Gottes Wort, wenn man sich unter seine Autorität stellen mag. Auch muss bei solchen Aussagen, die das humanistische Befindlichkeitsempfinden ansprechen, beachtet werden, dass nicht alles, was als Liebe empfunden wird, gleichsam richtig und gut sein kann. Es kann auch keine Inzestliebe zwischen Geschwistern, weil es „Liebe" zweier Menschen ist, gut geheißen werden. Auch die „Liebe" zwischen dem Kind und einem Elternteil kann schwerlich, weil es „Liebe" ist, positiv gewertet werden. Liebe kann also nicht das alleinige Kriterium sein, selbst wenn diese in Treue und Verantwortung gelebt wird. Für den Gläubigen ist neben vielem anderen immer noch die Bibel Richtschnur, da ihm hier der Wille Gottes offenbart wird. Man mag es wenden wie man möchte, doch kann eine ehrliche Auseinandersetzung mit der Schrift nur zu einem Urteil kommen: Eine ausgelebte Homosexualität ist Sünde vor Gott! Die Bibel unterscheidet an keiner Stelle zwischen Homosexualität als „Extravergnügen" oder „Veranlagung".

Wie gesehen beziehen sich die meisten Stellen auf Gottes Schöpfungsordnung und lassen keinen Zweifel daran, dass Jahwe die heterosexuelle Partnerschaft gewollt und geplant hat und neben ihr keine andere Form der Liebe und Sexualität toleriert. Dass die Bibel sich nicht umfassender mit dieser Thematik auseinander setzt, mag daran liegen, dass Homosexualität im Volk Gottes nicht besonders häufig vorkam. Festgehalten werden kann jedoch, dass ausgelebte Homosexualität dem Willen Gottes entgegensteht. Geht man davon aus, dass es eine genetische Disposition gibt, die eine homosexuelle Neigung hervorrufen kann, wird ein Mensch mit solchen Gefühlen sich nicht wegen diesen Empfindungen vor Gott verantworten müssen. Doch steht er immer noch in der Verantwortung, seine Neigung nicht auszuleben und einen Weg zu finden mit seiner Veranlagung, vor Gott verantwortungsbewusst zu leben und umzugehen.

Stellungnahme der beiden großen Kirchen zur Homosexualität

Auch wenn die Kirchen im Zuge der Ökumene immer näher zusammenrücken, gibt es Themengebiete, die bis heute zu heftigen Streitigkeiten zwischen ihnen führen. So auch das Thema der Homosexualität. Die Kirche sieht sich hier in einem Zwiespalt, da sie sich zum einen dem Wort Gottes, der Bibel, verpflichtet weiß und auf der anderen Seite den Menschen gewinnen möchte. Besonders in einer Zeit, in der alte moralische Vorstellungen über Bord geworfen werden und die Kirchen scheinbar immer leerer werden, steht die Kirche vor der Herausforderung, sich klar zu positionieren.

Eine Stellungnahme des BFP gibt es bis jetzt nicht. Doch kann daraus nicht geschlossen werden, dass man hierzu keine Meinung hätte. Es ist wohl vielmehr so, dass dieses Thema in den eigenen Reihen nicht so kontrovers diskutiert wird und man sich einig ist, dass Gottes Wort hier ein deutliches „Nein" zur Homosexualität hat. Ingolf Ellßel, Präses des Bundes freikirchlicher Pfingstgemeinden, sprach sich 2003 auf der Pfingsteuropakonferenz am Brandenburger Tor in Berlin deutlich gegen die Homosexualität aus.

Er sagte, dass Homosexualität eine Folge des sich Abwenden von Gott und seinen Werten sei. Dort wo ein Volk Gott zum Herrn habe, würde es Lebensfördernde Beziehungen leben. Doch wo es sich abwendet von ihm, würde sich eine Nation selbst zu Grunde richten, indem sie den heterosexuellen Verkehr mit dem homosexuellen tausche. Dies sei eine todbringende Sünde, so Ingolf Ellßel. Wo eine Nation jedoch umkehre zu Gott, würde er es heilen und wiederherstellen.

Die Katholische Kirche

Nach katholischer Auslegungstradition wird die Sexualität biblisch gesehen in zwei grundlegenden Dingen begründet. Zum Einen ist die Sexualität dem Menschen gegeben, um Leben weiter zu geben, das heißt, um sich zu vermehren (Gen 1,28). Und zum anderen, um die Beziehung von Mann und Frau in einer tieferen Ebene zu bereichern und zu vertiefen (Gen 2,24).

Der Vatikan ist sich bis heute in der Frage der Homosexualität treu geblieben. 1983 verabschiedete die vatikanische „Kongregation für das katholische Bildungswesen" einen Beschluss, welcher besagte, dass der Geschlechtsverkehr einzig und allein in die Ehe (zwischen Mann und Frau) gehöre. Dieser Beschluss wurde 1986 wiederholt bestätigt. 2003 versuchte sich die katholische Kirche mit der Frage der Homosexualität erneut auseinander zu setzen, da man erwog, eine homosexuelle Lebensgemeinschaft doch anzuerkennen. Doch auch hier kam man zu dem Schluss, dass eine homosexuelle Beziehung nicht gleichgesetzt werden kann mit der heterosexuellen Ehe. Da der Geschlechtsakt zwischen gleichgeschlechtlichen Menschen keine „Weitergabe des Lebens" ist, verstößt er gegen das „natürliche Sittengesetz". Der „Heilige Stuhl" schrieb den Priestern 1986 ein

Schriftstück, in der die Homosexualität als Sünde bezeichnet wurde. Weiter wurde den Betroffenen empfohlen, sich der sexuellen Praxis zu enthalten.

Die einzige sexuelle Praxis, die aus Sicht der Kirche erlaubt ist, sei die heterosexuelle, eheliche und reproduktive.

> „Die homosexuelle Neigung ist zwar ein Übel, aber keine Sünde und darum ist sie wie andere Übel die Menschen treffen können, zu ertragen. Auch hier gilt: „Einer trage des anderen Last"."

Doch gibt es auch in der Katholischen Kirche Stimmen, die sehr gefärbt sind von der „Schwulenideologie" und sich für eine größere Toleranz gegenüber Homosexuellen stark machen. So vertreten einige Geistliche die Meinung, dass Homosexualität keine Krankheit, nicht freiwillig und nicht änderbar sei. Weiter wird behauptet, dass die Bibel zur Homosexualität nichts sage, so dass das einzige Kriterium nach dem beurteilt werden dürfe, die Liebe sei.

Andreas Laun rät zu folgender Haltung gegenüber Homosexuellen: Obwohl der Gläubige einen homosexuellen Lebenswandel als Sünde wertet, sollte er ihn tolerieren, solange keine kriminelle Handlung vorliegt. Christen sollten in Liebe und Geschwisterlichkeit solchen Menschen begegnen und sie nicht ausgrenzen, da jeder sein eigenes „Übel" mit sich trage. Weiter sollten Gläubige eine derartige Neigung nicht fördern, den Betroffenen jedoch Hilfestellung geben, im Aufbauen von keuschen Freundschaften zwischen gleichgeschlechtlichen Menschen.

Die Katholische Kirche schließt weiter aus, dass es eine angeborene oder vererbte Homosexualität gibt und führt hierzu die widersprüchlichen, teils zu unsicheren Forschungsergebnisse an. Dennoch wird nicht bestritten, dass es eine tief im Inneren sitzende homosexuelle Neigung gibt. Sollte die Wissenschaft den Beweis antreten, dass Homosexualität vererbbar sei, würde dies jedoch auch in Zukunft eine solche Lebensweise nicht legitimieren, da auch eine angeborene Alkoholsucht niemals als normal und von Gott gewollt sein kann.

Homosexuellen wird empfohlen, wenn sie keine Heilung erfahren, in Keuschheit zu leben. „Dem Mensch der Sünde ist es unmöglich, mit Hilfe der Gnade ist es möglich." Des Weiteren heißt die Kirche jeden Menschen willkommen und lässt auch die Personen, die unter ihrer Homosexualität leiden, eintreten. Ausgrenzen kann man sich nur selbst, so Andreas Laun. Doch hält die Kirche an der biblischen Aussage, dass Gott Mann und Frau füreinander geschaffen hat, fest, so dass eine Befürwortung der Homosexualität nicht in Frage kommt.

Die Evangelische Kirche

Die Evangelische Kirche hat sich schon länger von der Vorstellung gelöst, dass Sexualität einzig und allein zur Fortpflanzung dient. Doch blieb sie hier nicht stehen, sondern öffnet sich mehr und mehr für Homosexuelle. Auch wenn sie zuvor eine andere Ansicht vertrat, wie folgendes Zitat verdeutlicht.

> „Nach dem Willen des Schöpfers und aufgrund menschlicher Erfahrung kommt das Streben nach sexuellem Glück in keiner Gestalt der Gemeinschaft so zur Erfüllung wie in der Gemeinschaft von Mann und Frau in der Ehe."

Doch hat die Evangelische Kirche im Gegenzug zur Katholischen Kirche in dieser Diskussion weniger Rückgrat bewiesen als man zu erwarten hatte. Dem Beobachter wird schnell ersichtlich werden, dass hier der Druck der Öffentlichkeit, der Medien und der Politik ihre Wirkung nicht verfehlt haben, so dass es in der EKD zu einem Umdenken kam. Welche Kirche, die sich für die Würde des Menschen einsetzt und die Liebe Gottes zu diesen tragen möchte, will sich auch der Diskriminierung schuldig machen? So heißt es heute:

> „Wir versündigen uns an den Geschöpfen Gottes, wenn wir den Homosexuellen nahe legen, ihrer Geschöpflichkeit nicht zu entsprechen oder sie >wenigstens< verborgen zu halten."

Die EKD ist in der Frage „Homosexuelle in der Kirche" also offener geworden. 1991 wurde erstmals eine Verlautbarung herausgebracht, welche besagt, dass Homosexualität „weder sündhaft noch krankhaft" sei. 1992 wurde die Ordination homosexueller Pfarrer erlaubt. Festgehalten und argumentiert wurden diese Dekrete in Zwei Synodenbeschlüssen. Zum einen in einer Stellungnahme der bayrischen Landessynode und zum anderen in der „Kreissynode an Sieg und Rhein". Seit 1994 haben sich gleichgeschlechtlich liebende Pfarrer und Pfarrerinnen in einem Konvent zusammengeschlossen und 1996 wurde erstmals ein Segnungsgottesdienst für gleichgeschlechtliche Paare erlaubt.

Bei diesen Beschlüssen kamen Vertreter der EKD zusammen, welche wissenschaftliche „Beweise" diskutierten, zu Rate zogen und biblische Aussagen über dieses Thema untersuchten. Da die Wissenschaft ihrer Ansicht nach klare Beweise vorlege, die eine homosexuelle Veranlagung als gegeben darstellen und biblische Aussagen in der heutigen Zeit nicht mehr eins zu eins übertragbar seien, kam man zu dem Schluss, aus „christlicher Sicht" die Homosexualität als eine „andere Art der menschlichen Sexualität" anzusehen, die dem christlichen Glauben nicht entgegenstünde. So besagt der Kreissynodenbeschluss von Sieg und Rhein, dass Heterosexualität, wie Bi- und Homosexualität „gleichwertige Formen der Sexualität" sind. Des Weiteren spricht sich die Bibel ihrer Meinung nach nicht gegen Homosexualität generell, sondern lediglich gegen bestimmte Formen der Auslebung (z. B. Promiskuität) aus. Folglich wehrt man sich gegen eine „biblische Argumentation" gegen Homosexualität. Homosexualität kann, soweit sie in verantwortungsvoller Weise, Liebe und Treue gelebt wird, nicht verneint werden. Wird sie in Liebe zu Gott und Mensch gelebt, ist sie legitim.

Die Synodenbeschlüsse stießen auf großen Protest innerhalb der Kirche, was deutlich erkennen lässt, dass es sich hierbei nicht um einen einheitlichen kirchlichen Beschluss handelte.

Bewertung und Stellungnahme

Wie gesehen gehen die „beiden großen Kirchen" hier sehr gegensätzliche Wege. Die Katholische Kirche beweist in ihrer Ausrichtung und Stellungnahme zu diesem Thema ihre Treue zur Schrift und beugt sich dem gesellschaftlichen und politischen Druck nicht. Aber auch wenn sie eine homosexuelle Lebensweise Sünde nennt und den Homosexuellen zur Keuschheit ruft reicht sie ihm ihre Hand. Sie sieht sich dem Menschen verpflichtet und will dem Betroffenen helfen. Doch kann dies ihrer Ansicht nach nicht auf Kosten der Wahrheit und des offenbarten Willens Gottes geschehen.

Die Evangelische Kirche hat sich in den letzten Jahren sehr weit geöffnet für homosexuelle Menschen und aus deren Reihen viel Lob erhalten. Doch lassen ihre Argumentationen auf ein sehr modernes und humanistisches Bibelverständnis schließen. Die Beweggründe ihrerseits dürften verständlich sein doch kann man den Verlautbarungen der EKD zu diesem Thema nicht beipflichten, da man fragen muss, wo hier der Bibel ihre von Gott zugedachte Autorität eingeräumt wird. Aus ihrer ganze Argumentation lässt sich schließen, dass nicht das, was die Bibel sagt sondern was sie eben nicht sagt, geltend ist. Doch auch wenn längst nicht alle Vertreter der Evangelischen Kirche hier einer Meinung sind, dürfte es fraglich sein, ob die Kirche hier zu einem Umdenken kommen wird, da eine Rückbesinnung eine wohl noch viel heftigere Reaktion hervorrufen würde.

Die Kirche und Gemeinde Jesu hat heute einen schweren Stand, wenn sie den Willen Gottes ohne Kompromisse predigen will. Jedoch ist sie gerufen, in Liebe und Annahme Menschen zu begegnen, egal ob ihre Lebensweise mit Gottes Geboten übereinstimmen mag oder nicht. Die Gemeinde soll Licht sein in einer Gesellschaft, die von den Werten Gottes abgekommen ist, doch verliert sie ihre Leuchtkraft, wenn sie die Botschaft Gottes verwässert. Die Kirche darf auch in Bezug auf die Homosexualität nicht schweigen und kann weder vom biblischen Standpunkt noch vom Moralischen her eine solche Lebensweise befürworten.

Bei der Beurteilung der Homosexualität und dem Umgang mit Betroffenen kann nicht festgemacht werden, ob Homosexualität nun genetisch bedingt ist oder auf eine innerpsychische Störung zurückzuführen ist. Die Frage, die sich die Kirche stellen muss ist, ob Homosexualität ein Übel ist oder nicht. Ist man hier zu einem Urteil gekommen, ergeben sich hieraus von alleine ethische und seelsorgerliche Konsequenzen.

Die Schwule Theologie

> „Schwule Theologie ist eine Befreiungstheologie, die sich zunächst von der Theologie selbst in ihrer Zwangsheterosexuellenausprägung, wie sie das Christentum dominiert befreien muss – aber mit theologischen Mitteln."

Die „Schwule Theologie" sieht sich selbst als eine menschenfreundliche Theologie, die das Individuum in seiner Einzigartigkeit stehen lässt, ihm seine persönliche Lebensgestaltung selbst überlässt und den christlichen Glauben versucht mit einzubauen, ohne den Menschen in seiner Freiheit zu beschneiden. So jedenfalls mag man das Vorwort zum Buch „Schwule Theologie" verstehen.

Die Schwule Theologie versteht sich auch als eine Art „Befreiungstheologie", die sich von den alten Bastionen überholter Ansichten und Traditionen zu befreien versucht. Da Gott ein menschenliebender Gott ist, darf ein homosexuell lebender Mensch nicht länger diskriminiert werden, da er von Gott angenommen ist, wie er oder sie ist.

Michael Brinkschröder schreibt richtig, dass es sich bei der schwulen Befreiungstheologie um eine Theologie von unten handelt. Sie setzt in der menschlichen Ebene an, zeigt Missstände auf und versucht diese durch eine „befreiende Praxis" zu überwinden, so auch in der Auseinandersetzung von Kirche und homosexuellen Menschen.

Die liberale Schwule Theologie betont, dass die Homosexualität eine „gute Gabe Gottes" sei und propagiert Aussagen wie „Gay is Good".

Eine weitere Vorgehensweise innerhalb der Schwulen Theologie ist die „kontextuelle Theologie", welche biblische Wahrheiten und Aussagen fest in einem ihr dargelegten Kontext verwurzelt sieht. Da sich der Kontext im Laufe der Jahrhunderte immer wieder ändert, könne man nicht jede Aussage der Bibel einfach so übernehmen, da ein anderer Kontext einer anderen Auslegung und eines anderen Verständnisses bedarf.

In einem Flugblatt der HUK (Homosexuelle und Kirche) wurde auf drei grundsätzliche Fragen zur Homosexualität Stellung genommen. Auf die Frage, wie Homosexualität entstehe, ließ man verlauten, dass man bis heute nicht sagen könne, wie Homosexualität entstünde, doch das Gleiche gelte auch für die Heterosexualität. Auf die Frage, ob Homosexualität heilbar sei, verwies man auf fehlgeschlagene Versuche, Homosexuelle umzupolen. Darüber hinaus würden immer mehr Ärzte die Ansicht vertreten, dass Homosexualität keine Krankheit sei. Auch „christliche – fundamentale Gruppen" würden mehr und mehr eingestehen, dass Homosexualität nicht änderbar sei. Auf die Frage, ob Homosexualität unchristlich sei, argumentierte man: „Zu homo- oder bisexueller Persönlichkeit nimmt die Bibel keine Stellung". Es gibt in der „Schwulen Theologie" vier wesentliche Argumente, durch die versucht wird, einen homosexuellen Lebenswandel zu rechtfertigen. Diese werden immer wieder vorgebracht:

1. wird durch bestimmte exegetische Methoden versucht zu beweisen, dass die Bibel Homosexualität nicht generell verurteile und man unter „Erscheinungsformen der Homosexualität" zu unterscheiden hätte.
2. wird behauptet, dass es bei zwei gleichgeschlechtlichen Menschen durchaus Liebe geben kann und diese könne man keineswegs sündig nennen.
3. wird behauptet, dass es sich bei der Homosexualität um eine Variante innerhalb der Schöpfung handle, so dass eine homophile Neigung gut geheißen werden kann und muss. Dabei verweist man auf „handfeste

Beweise", die eine genetisch veranlagte Homosexualität bestätigen würden. Diese Veranlagung muss ihrer Ansicht nach von Gott gewollt sein, da er den Schwulen schließlich so geschaffen habe. Daraus resultierend ist auch jeder Versuch, einen Homosexuellen zu therapieren „Vergewaltigung" und kommt daher einer Diskriminierung gleich

4. versucht man, der Gesellschaft, Kirche und Politik ein schlechtes Gewissen zu machen, indem auf die Geschichte verwiesen wird. So wurden zu früheren Zeiten Homosexuelle diskriminiert und verfolgt, so dass heute jede noch so sachliche Form der Kritik oder Nicht-Befürwortung der Homosexualität als Diskriminierung gewertet wird. Sexualität ist eine Gabe Gottes, die in Verantwortung gelebt werden darf. Ob diese nun in einer heterosexuellen oder homosexuellen Beziehung geschehe, sei hierbei nebensächlich. Viel wichtiger sei, dass sie in Verantwortung ausgeübt wird. Man geht sogar so weit, dass man Sexualität nicht länger an die Ehe bindet, sondern ganz und gar aus seinen „traditionellen Fesseln" lösen möchte. Dort wo der Mensch jedoch einzig und allein Objekt ist und lediglich zu Befriedigung des sexuellen Verlangens dient, sei die Sexualität außerhalb des Willens Gottes und verstoße gegen die christliche Ethik.

Bewertung und Stellungnahme

Die Theologie ist ihrer Definition nach die Lehre vom Glaubensinhalt einer Religion. In diesem Falle ist sie die Lehre von den christlichen Glaubensinhalten, welche die Bibel übermittelt. Ist dem so, dann entwächst die Theologie aus der Schrift. Der Gläubige stellt sich demütig unter das Wort und lässt sich belehren.

Die Schwule Theologie, zumindest ihrem Anschein nach, geht mit der Voraussetzung an die Schrift, dass sie ihre Überzeugungen und Lehrsätze durch sie bestätigt und bejaht haben möchte. Die biblischen Aussagen über Homosexualität, die durchweg negativ ausfallen, werden relativiert durch liberale Mutmaßungen und Bibeltreue wird als überholt dargestellt. Sie ist, wie ihre Theologen selber sagen, eine Theologie von unten und kann daher bestenfalls zu menschlichen Vernunftschlüssen führen, da ihr der Blick von „oben" fehlt.

Sie minimiert alles auf die menschliche Ebene und verkennt, dass Gott der Schöpfer, Dreh- und Angelpunkt jeder theologischen Reflektion sein muss. Wo der Mensch Mittelpunkt ist, wird göttliche Offenbarung der menschlichen Willkür ausgesetzt, die dazu führt, das Wort nach eigenem Belieben zu verdrehen. Wo hingegen Gott Mittelpunkt ist, sucht der Mensch Gott zu gefallen und seinen vor Grundlegung der Welt, festgesetzten Ratschluss zu erkennen. Er stellt nicht die Frage, wie die Inhalte der Bibel in sein Leben mit hinein gefügt werden können, sondern wie er jene mit seinem Leben in Einklang bringen kann, um so in Gemeinschaft zu seinem Schöpfer zu leben.

Einer Schwulen Theologie kann im Endeffekt nichts abgewonnen werden, da sie nicht bestrebt ist, die Bibel in ihren Aussagen klar zu verstehen und auszulegen, sondern lediglich nach Wegen sucht, eine homosexuelle Lebensweise als biblisch zu legitimieren. Doch eine solche Legitimation gibt die Schrift nicht.

Umfrageergebnisse

Vorbemerkung

Im Zeitraum vom 07.08.2007 bis zum 10.09.2007 wurde im Zuge dieser Arbeit eine Internetumfrage unter dem Titel „Homosexualität und Gemeinde", durchgeführt. Ziel dieser Umfrage war es, ein Meinungsbild zum besagten Thema zu erstellen. Durch den eingeschränkten Zeitraum war es nicht möglich, diese in einem größeren Umfang durchzuführen. Da repräsentative Umfragen auf wissenschaftlichen Grundgesetzen basieren, wird es verständlich sein, dass die vorliegende Umfrage diese nicht im Einzelnen berücksichtigen konnte.

Weil es sich um eine Internetumfrage handelte und die Antworten vorgegeben waren, von denen der Einzelne auswählen konnte, muss beachtet werden, dass der ein oder andere im Einzelfall eventuell anders geantwortet hätte, wenn er sie selbst formulieren hätte können. Auch wird nicht jeder Teilnehmer die Fragen gleich verstanden haben. Zwei verschiedene Personen werden bestimmte Worte und Sätze anders verstehen und interpretieren, was sich wiederum in der Antwort niederschlägt. Folglich kann ein nur mehr oder weniger „klares" Meinungsbild der 244 Befragten wiedergegeben werden, jedoch sind die Ergebnisse nicht auf die einzelne Gemeinde übertragbar und schon gar nicht auf die breite Masse. Christen werden im Regelfall aus ihrer christlich geprägten Ethik Dinge anders bewerten und dementsprechend antworten, als es jemand tun würde, der aus einem nichtreligiösen Hintergrund kommt. Da hier beabsichtigt war, die Meinung gläubiger Personen zu erfragen, ist die einseitige Befragung verständlich.

Auswertung

Von den 244 Teilnehmern waren 105 Frauen (43%) und 137 Männer (56%). 238 (98%) von ihnen machten eine Altersangabe. 29 waren zwischen 16 und 20 Jahre alt. Die Mehrheit, 138 Personen, gab ein Alter zwischen 21 und 30 Jahren an, 36 waren zwischen 31 und 40 Jahre und 35 der Befragten gaben ein Alter zwischen 41 und 68 an.

Auf die Frage, „Sind sie Christ und gehören zu einer Kirche oder Freikirche?", antworteten von den 244 Befragten 231 (95%) mit „ja", 4 (2%) mit „nein", der Rest mit „weiß nicht" oder „keine Angaben".

Auf die Frage, „Sind sie selbst Betroffener in Bezug auf Homosexualität?" gaben 3 (1%) an, selbst homosexuell orientiert zu sein und dies auch auszuleben (2 Frauen, 1 Mann). 3 (1%) gaben an homosexuelle Gefühle zu haben, sie jedoch nicht auszuleben (2 Männer, 1 Frau). 82 (34%) gaben an, homosexuelle Menschen in ihrem Freundes- Familien- oder Bekanntenkreis zu haben. 148 (61%), also die Mehrheit, antworteten mit Nein. 8 Personen (3%) machten keine Angaben.

Zur Frage, „Wie stehen ihrer Meinung nach Homosexualität und christlicher Glaube zueinander?" antworteten 28 (11%), dass Homosexualität sich durchaus mit dem christlichen Glauben vereinbaren ließe. Eine deutliche Mehrheit konnte hier in der Altersklasse zwischen 21 und 30 ausgemacht werden (50%, davon 12 männlich). 169 Befragte (68%) sahen Homosexualität als Sünde an und daher nicht mit dem christlichen Glauben zu vereinbaren. Hier machte auch die Altersgruppe zwischen 21 und 30 Jahren den größten Anteil aus. 32 (13%) antworteten mit weiß nicht und 15 (6%) gaben keine Antwort.

Auf die Frage, ob man dem veröffentlichten Dokument des Vatikan zustimmen könne, in dem es heißt, dass Homosexuelle aus dem Priesteramt ausgeschlossen werden sollen, die gleichgeschlechtliche Liebe eine „Störung" sei und der homosexuelle Akt eine „schwere Sünde" antworteten von 244 152 (62%) mit „Dem ist zuzustimmen", 37 (15%) mit „Dem ist überhaupt nicht zuzustimmen," 36 (15%) wussten darauf nicht zu antworten und 19 (8%)

gaben keine Antwort. Auch wenn eine deutliche Mehrheit den Vatikanischen Beschluss befürwortete, muss beachtet werden dass 36, die hierauf keine Antwort geben konnten, eine Unsicherheit auf die Bewertung bzw. den Umgang mit Homosexuellen innerhalb der Kirche erkennen lassen. 15% sind sicherlich ein nur kleiner Prozentsatz, doch nimmt man die anderen 15% hinzu, die dem vatikanischen Beschluss in keinster Weise zustimmen können, lässt sich hier doch die Beobachtung machen, dass sich auch Gläubige in dieser Frage nicht unbedingt einig sind.

Die Frage nach dem Umgang mit homosexuell orientierten Menschen gaben nur 9 (4%) an, dass diese aus der Gemeinde ausgeschlossen werden sollten. Die Mehrheit 91 (37%) meinten, dass diese aus der Gemeindearbeit ausgeschlossen werden sollten, sofern sie es ausleben. 61 (25%) meinten, dass man sie als vollwertige Gemeindeglieder ansehen solle, doch sollten sie keine Leitungspositionen innehaben.

35 (14%) antworteten, dass man sie als vollwertige Glieder der Gemeinde ansehen solle und sie auch mitarbeiten oder Leitungspositionen innehaben dürften.

27 Personen (11%) antworteten mit „weiß nicht" und 21 (9%) machten keine Angaben. Es kann also gesagt werden, dass sich die Mehrheit durchaus homosexuell orientierte Menschen in ihren Gemeinden vorstellen kann, sofern sie ihre Neigung nicht ausleben.

„Ist ihrer Meinung nach Homosexualität Sünde?" beantworteten 90 (37%) Probanden mit „Ja", eine geringe Mehrheit von 100 (41%) sahen Homosexualität grundsätzlich als Sünde an, jedoch würden sie einen homosexuell orientierten Menschen nicht als Sünder bezeichnen, was eine Unterscheidung zwischen gelebter und „gefühlter" Homosexualität erkennen lässt. 17 (7%) meinten, dass es sich auch hierbei um schlichte Liebe handeln würde und diese könne man nicht Sünde nennen. 12 (5%) antworteten mit „weiß nicht" und 21 (9%) gaben keine Auskunft.

Bei der Beurteilung von Homosexualität konnten die Teilnehmer zwei von vier möglichen Antworten geben. Nimmt man alle Antworten (324) von 244 Probanden, verhält sich die Verteilung wie folgt: 13 (5%) sahen Homosexualität als angeboren und genetisch bedingt an, 17 (7%) sahen Homosexualität als Krankheit, 119 (49%) werteten Homosexualität als Sünde, für die sich der Einzelne vor Gott verantworten müsse und 175 (72%) waren der Ansicht, dass Homosexualität auf eine gestörte Identität zurück zu führen sei, die ihren Ursprung oft in der Kindheit habe. Die Zweitantwort der Befragten verteilte sich fast ausschließlich auf Antwort drei und vier.

Zwei Dinge können festgehalten werden: Erstens sah der Großteil, der Teilnehmer Homosexualität generell als Sünde an und zweitens ging die überwiegende Mehrheit der Befragten davon aus, dass Homosexualität auf innerpsychische Störungen zurückzuführen ist, die meist im Kindheitsalter hervorgerufen werden.

Dies würde auch die Behauptung bestätigen, dass Christen meist psychische Störungen als Ursache für eine homosexuelle Neigung nennen.

Bei der Frage, „Ist Homosexualität, ihrer Meinung nach „heilbar" bzw. „veränderbar" oder nicht?" gaben nur 7 (3%) der Befragten „Nein, da es genetisch bedingt ist", zur Antwort und 11 (5%) „Nein, da es keiner Veränderung bedarf". 19 (8%) entschieden sich für „Ja, da es sich um eine Krankheit handelt, die behandelt werden kann und der größte Anteil, 166 (68%), meinte schlicht und einfach „Ja". Die Übrigen wussten es nicht oder machten keine Angaben.

Auf die Frage, „Kann ein Homosexueller seine Sexualität ausleben und zugleich wiedergeborener Christ sein?" antworteten 37 (15%) mit „Nein, da er „bewusst" in Sünde lebt", 10 (4%) meinten „Ja, da es keine Sünde ist", 52 (21%) entschieden sich für „Ja, da wir alle Sünder sind". 108 (44%) der Befragten gaben an: „Nur wenn er/sie sich seiner falschen Lebensweise bewusst wäre und sich in einen verändernden Prozess begibt, um aus der Homosexualität heraus zu finden". Diese Antwort schließt eine ausgelebte Homosexualität schon aus, jedoch räumt sie ein, dass der Betroffene rückfällig werden kann und dennoch sein Heil nicht verliert. 14 (6%) wussten es nicht und 23 (9%) machten keine Angaben.

Die letzte Frage lautete: „Wie sollte man Homosexuellen ihrer Meinung nach in unserer Gesellschaft und Gemeinden begegnen?" Hier entschieden sich 22 (9%) für „Man sollte ihnen mit Liebe und Achtung begegnen und ihnen den Freiraum gewähren den sie brauchen, um ihr Leben nach ihren Vorstellungen von Partnerschaft und Ehe leben zu können". Die deutliche Mehrheit, 192 (78%) war der Meinung, man sollte ihnen mit Liebe und Achtung begegnen, sie annehmen, wie sie sind, dennoch auf ihre falsche Lebensführung ansprechen und ihnen helfen, einen Weg aus ihrer Homosexualität zu finden. Wir „hassen" zwar die Sünde doch niemals den Sünder. Nur ein Befragter war der Meinung, man sollte jeglichen Kontakt zu ihnen abbrechen, um ihnen hierdurch aufzuzeigen, dass ihre Lebensweise widernatürlich ist und konträr zum biblischen Befund stehe. 7 (3%) antworteten mit „weiß nicht" und 23 (9%) machten keine Angaben.

Auch wenn die Umfrage nicht die Meinung unserer Gemeinden, geschweige denn unserer Gesellschaft widerspiegelt, kann jedoch gesagt werden, das die absolute Mehrheit der Teilnehmer dieser Umfrage Homosexuellen gegenüber positiv eingestellt sind, auch wenn sie eine homosexuelle Lebensweise als Christen verneinen. Jedoch, was die Befragten angeht, kann nicht behauptet werden, dass Christen Homosexuellen diskriminierend gegenüber stehen. Immerhin gaben 82 (34%) der Befragten an, Homosexuelle zu kennen. Und auch die restlichen Antworten lassen einen solchen Schluss nicht zu. Dass 148 (61%) weder Homosexuelle kennen noch selber persönlich betroffen sind, kann sicherlich auf ein christliches Umfeld zurückzuführen sein, muss jedoch nicht zwangsläufig bedeuten, dass man eine abweisende Haltung gegenüber Homosexuellen habe. Ob dies in allen christlichen Kreisen und Gruppierungen der Fall sein wird, ist fraglich, und kann aus dieser Umfrage nicht herausgelesen werden. Weiter ist zu beachten, dass unter 244 Befragten immerhin 3 (Christen) unter homosexuellen Gefühlen leiden, wenn sie diese auch nicht ausleben. Dies zeigt zumindest, dass es auch in unseren Gemeinden Betroffene gibt, die unseren Beistand und Hilfe brauchen.

Homosexualität und Seelsorge

„Ziel des Seelsorgers ist die Gottesbeziehung dessen, der sich ihm anvertraut, nicht die Heilung. Wenn der Betreffende „daneben" auch noch Heilung findet und wenn die geistlichen Mittel dabei mithelfen, umso besser, aber es ist weder Ziel noch Bedingung seines Weges zu Gott."

Ist Homosexualität veränderbar?

Geht man nach der momentanen Ansicht säkularer Wissenschaft und Medizin, ist Homosexualität nicht heilbar. Man sagt, dass es nicht möglich sei, dass sich ein homosexueller Mensch zu einem glücklichen Heterosexuellen verändern kann. (Ganz davon abgesehen, dass immer mehr die Ansicht vertreten wird, dass sich ein Homosexueller überhaupt nicht zu verändern braucht.)

So genannte „Heilungen" sind demnach keine wirklichen Veränderungen. Man versucht hierbei zwischen „Kernhomosexuellen" und „Neigungshomosexuellen" und „Gelegenheitshomosexuellen" zu unterscheiden. Man geht dabei davon aus, dass ein Kernhomosexueller keine „Heilung" erfahren könne.

„Heilung" erfahren folglich nur diejenigen, die zuvor schon nicht wirklich bzw. völlig Homosexuelle waren. Im Allgemeinen kann man zwar Erfolg verbuchen, wenn es darum geht, dass eine homosexuelle Neigung minimiert wird, doch ist es von deutlich geringerem Erfolg (praktisch keinem), wenn eine heterosexuelle Ausrichtung aufgebaut werden soll. Harald Vetter sieht in der sexuellen Konstitution eine solche Kraft, die es dem Homosexuellen völlig unmöglich macht, hier eine Umorientierung zu vollziehen. Seinen Untersuchungen nach ist Homosexualität eine sexuelle Fixierung, die eine andersartige Erregung rigoros ausschließt.

Dass man heute einer veränderbaren Homosexualität skeptisch gegenüber steht, wird nicht zuletzt daraus genährt, dass angebliche, aber keine echten Heilungen beobachtet wurden, die meist als große Erfolge publiziert wurden. Doch wurde schon in den 60er Jahren darauf hingewiesen, dass die Heilung homosexuell veranlagter Menschen möglich sei. Dass Homosexuelle Veränderung erfuhren, die bei einigen dazu führte, heterosexuelle Neigungen zu erwerben, wurde immer wieder berichtet.

Auch heute noch melden sich ehemalige homosexuelle Menschen zu Wort und berichten von ihrer „Heilung". Auch wenn es unseriöse und zweifelhafte Berichte geben mag, kann dies mit Sicherheit nicht über alle gesagt werden. Es kann nicht wirklich abgestritten werden, dass es eine „Veränderung" der Homosexualität gibt, da zahlreiche glaubwürdige Lebenszeugnisse vorliegen.

Russell Hilliard, Psychologe und Psychotherapeut aus der Schweiz möchte sich nicht falsch verstanden wissen. Unterstelle man der christlichen Seelsorge und Therapie doch allzu oft, dass sie Homosexuelle umpolen wolle.

Doch weist er darauf hin, dass sie nur mit Menschen arbeiten, die zu ihnen kommen, eine Veränderung erwünschen und aus eigener Initiative das Gespräch suchen. Weiter ist das Ziel der Therapie nicht der Versuch den Hilfesuchenden mit dem anderen Geschlecht zusammen zu bringen, sondern lediglich beim Verstehen der eigenen Sexualität und deren Ursachen Klarheit zu verschaffen, damit der Betroffene in der Lage ist, seine Gefühle richtig einzuordnen, so dass bei einer nicht geringen Zahl die homosexuelle Anziehung zurückgeht. Eibach weist jedoch darauf hin dass Verhaltensweisen so sehr verinnerlicht werden können, dass sie schier unabänderbar sind.

Im Folgenden sollen nun einige seelsorgerliche Modelle betrachtet werden, die sich teils sehr voneinander unterscheiden und sich teilweise sogar widersprechen.

Christlicher Ansatz

Anti- Selbstmitleid-Therapie (AST) nach Van den Aardweg

Einer der bekanntesten Vertreter dieser Theorie ist G. J. M. Van den Aardweg. Für ihn hängt die homophile Neigung mit einer narzisstischen Störung zusammen, die sich durch ein neurotisches Selbstmitleid im Leben des Betroffenen äußert und in der Kindheit seine Wurzeln hat. Der Homosexuelle hat eine Doppelpersönlichkeit. So spricht Aardweg vom „Kind im Erwachsenen", welches sich krankhaft bemitleidet. Infolgedessen leidet der Betroffene unter einer Klagesucht, die in traumatischen Kindheitserfahrungen ihren Anfang nahm und schließlich zur Neurose wurde.

In seiner subjektiven Wahrnehmung erlebt sich der Junge in seiner Kindheit als nicht männlich und im Vergleich mit anderen als zu schwach. Durch seine negative Selbstsicht, so Aardweg, erwächst ein Minderwertigkeitsgefühl, was wiederum dazu führt, dass er das männliche Gegenüber idealisiert und sich wünscht, wie „Er" zu sein.

Die Bewunderung des männlichen Geschlechts führt dazu, dass er in ihm das Objekt seiner Begierde sieht, was aber aus rein egozentrischen Motiven geschieht, da er hierdurch seine Sehnsucht nach Liebe und Anerkennung hofft stillen zu können. Seiner Ansicht nach handelt es sich bei der homosexuellen Liebe um ein „jämmerliches und klägliches Festhalten aneinander." Ihre Liebe ist eine rein egozentrische und führt dazu, dass dauerhafte Beziehungen nicht möglich sind. Des Weiteren werden homosexuelle Menschen durch eine zwanghafte Begierde nach sexuellen Kontakten getrieben Van den Aardweg vertritt daher die Anti- Selbstmitleids- Theorie, durch die der Betroffene seine Klagesucht überwinden und ein gesundes und erwachsenes Selbstvertrauen erlangen soll. Mit den Klienten, mit denen Van den Aardweg arbeitete, brachen von 101 Teilnehmern 43% die Therapie ab oder beendeten sie, bevor eine Heilung eintrat. 11% beendeten die Therapie als „völlig geheilt" und 26% konnte eine „zufrieden stellende Veränderung" bescheinigt werden. Weitere 11% wiesen eine Verbesserung auf. Lediglich bei 9% konnte keine Änderung festgestellt werden.

IGNIS

Wolfram Soldan sieht den Menschen nach biblischem Verständnis als „unfreies Wesen", doch könne er durch den Glauben an Jesus Christus zur Freiheit gelangen, die es ihm ermöglicht, sich für oder gegen einen homosexuellen Lebensstil zu entscheiden (dies schließt mit ein, dass er sich entscheiden kann, ob er Heilung erfahren will). Doch muss er hier zuvor mit der „Wahrheit" konfrontiert werden. Was beinhaltet, dass Homosexualität Gottes Schöpfungsordnung widerspricht und eine homosexuelle Neigung heilbar ist. Doch räumt Soldan selbst ein, dass der Weg der Heilung ein schwieriger ist und es fatal wäre, dem Homosexuellen dies zu verschweigen.

Im Weiteren nennt er sechs Punkte, die er bei einer christlichen Seelsorge als unumgänglich sieht.

1. muss jede Art der Homosexualität vor Gott als Sünde bekannt werden.
2. ist es notwendig, dass der Einzelne sein ganzes Leben an Gott ausliefert, was seinen Willen, Verstand und seine Gefühle mit einschließt.
3. werden praktische Schritte überlegt werden müssen, die helfen, diesen neuen Weg außerhalb der Homosexualität zu bestreiten.
4. bedarf es der Entschlossenheit, bei Rückfällen erneut umzukehren und das Wissen „ich darf erneut beginnen".
5. muss die Bibel Richtschnur des Denkens und Handelns sein. Diese steht über jeglicher Wissenschaft und säkularer Ideologie.
6. sollte man sich einer Gemeinde anschließen und ein klares Ja zur Seelsorge oder Therapie haben. Der Homosexuelle muss sich also zuallererst einmal bekehren. Ist dieser Schritt getan, muss er Ehrlichkeit und Demut vor Gott lernen, da erst hierdurch Gott in sein Leben eingreifen kann, was Veränderung bewirkt.

Durch das Demütigen vor Gott erfährt der Suchende Vergebung der Sünden. Er weiß sich von Gott geliebt, auch wenn er die homosexuelle Praxis verurteilt und es zu Rückfällen kommen kann. Ziel der „christlichen Therapie" bei homosexuellen Menschen ist die innere Heilung, da man tief sitzende seelische Verletzungen als Ursache einer solchen Neigung ansieht.

Durch Selbsterforschung, Gebet und Lobpreis sollen Verletzungen aufgedeckt werden, die in Gottes Gegenwart Heilung erfahren. Sünden sollen vor Gott bekannt und sündhafte Verhaltensweisen abgelegt werden. Sündenmächte werden im geistlichen Kampf direkt bekämpft. Die Anbetung und das persönliche Gebet nehmen eine zentrale Rolle ein, da es hierdurch zu besonderen Begegnungen zwischen Gott und Mensch kommt. Durch die Ausrichtung auf Gott wendet der Homosexuelle seinen sonst eher selbstzentrierten Blick von sich ab, so dass Gottes heilender Prozess in ihm beginnen kann. Ein weiterer entscheidender Schritt in Richtung Heilung sind Freundschaften zu gleichgeschlechtlichen Menschen. Da für die meisten Homosexuellen eine solche Freundschaft häufig sexueller Natur war, muss er lernen und erfahren, wie gesunde, nichtsexuelle Beziehungen gelebt werden. Sind diese Dinge gegeben, befindet sich der Homosexuelle auf dem Weg der Heilung und Veränderung.

Die Heilung bedeutet nicht nur, dass er mit einer homosexuellen Lebensweise abgeschlossen hat, sondern auch das Heranwachsen von heterosexuellen Gefühlen und Verhaltensweisen.

Wüstenstrom

Markus Hoffmann geht im Grunde bei der Homosexualität von ähnlichen Gesichtspunkten wie Wolfram Soldan aus. Er sieht in der Homosexualität auch eine innerpsychische Problematik. (Homo–)Sexualität ist seiner Ansicht nach der Versuch, etwas in der eigenen Seele zu reparieren. Man sucht nach Antworten oder versucht seine Ängste zu überwinden. Das kann also bedeuten, dass ein Mann in seinem sexuellen Zusammensein mit einem anderen Mann seine eigene Männlichkeit zu finden hofft oder dadurch das Gefühl erfährt, nicht ausgeschlossen zu sein. Nach Hoffmanns Erfahrung erhofft sich der Homosexuelle im tiefsten Innern, durch die „Liebe" eines anderen Mannes dessen Männlichkeit (Körperbeschaffenheit, Charaktereigenschaften etc.) in sich aufzunehmen, da er sich selbst nicht als Mann bzw. männlich erlebt.

Andere wiederum suchen Bestätigung ihrer Männlichkeit. Wieder andere leiden unter Minderwertigkeit, was ihre genitale Beschaffenheit betrifft, so dass sie sich an Personen orientieren und Kontakt zu ihnen suchen, die in dieser Hinsicht „vollwertig" sind. Man kann also sagen, dass der Mensch auf der Suche nach seiner Identität ist. Hoffmann selbst sieht Homosexualität nicht als ein unumkehrbares „Übel", sondern glaubt an Veränderung. Dass weitläufig behauptet wird, dass Homosexualität unheilbar wäre, sieht er als unbewiesen an, was auch die Erfahrung zeige. Der Heilungsprozess wird zweigleisig gesehen, da man Seelsorge und Therapie voneinander trennt. Seelsorge wird hier in erster Linie auf der Ebene von Mensch zu Gott verstanden. Hier erfährt der Mensch göttlichen Zuspruch und darf seine eigene, von Gott zugedachte Identität entdecken und entfalten. In der Therapie steht die zwischenmenschliche Ebene im Zentrum, also die des Therapeuten mit dem Ratsuchenden. Hier wird auf der rationalen Ebene gearbeitet, Hilfestellung im Veränderungsprozess gegeben und Trauerarbeit geleistet. Hoffmann stellt im Folgenden einen Acht-Stufenplan vor, der bei der Beratung von Homosexuellen befolgt werden sollte.

1. wird darüber zu sprechen sein, dass der Mensch in seiner Sexualität versucht, einen Konflikt zu verarbeiten. Erst wenn der Leidtragende bereit ist, einzusehen, dass hinter seiner Homosexualität ein viel tiefer liegendes Problem steckt und er den Mut aufbringt, dieses anzuschauen, kann man weiter fortfahren. Doch schafft es kaum einer, diesen Schritt zu gehen.
2. muss man lernen, zwischen dem realen und dem scheinbaren Bedürfnis zu unterscheiden. Hinter dem Bedürfnis, mit einem anderen Mann sexuellen Verkehr zu haben, steckt im Grunde ein ganz anderes, was erkannt werden soll. Ist das eigentliche Anliegen bekannt, ist es wichtig, hier Abhilfe zu schaffen so dass kein Vakuum entsteht. An dieser Stelle kann der Ratsuchende erfahren, dass er nicht bloß verzichten muss, sondern eine andere erfüllende Art der Lebensqualität erfährt.
3. muss es hiernach zu einer Trennung kommen, in der ein Schnitt weg von alten Verhaltensmustern gemacht wird. Der Homosexuelle trennt sich von der Einbildung, in seiner Homosexualität Erfüllung finden zu können. Dabei ist das Kreuz ein Ort der Umkehr und des Neuanfangs.
4. wird das Augenmerk auf die eigentlichen Bedürfnisse gelenkt (Wer bin ich, Bestätigung, vollwertige Geschlechtskraft), um ihnen gezielt zu begegnen.
5. muss der Ratsuchende lernen, seine wahren Sehnsüchte auf andere Weise zu befriedigen. Die Schwierigkeiten hierbei sind oft alte negative Erfahrungen, die eine Abwehr hervorrufen, auf diesem Wege nun Erfüllung zu suchen. Hier werden Ängste und alte Verhaltensmuster zu durchbrechen sein.
6. steht eine Vergangenheitsbewältigung an, in der schmerzhafte Kindheitserfahrungen aufgearbeitet werden, die dazu beigetragen haben, dass eine homophile Neigung entstanden ist. Hierbei spielt die Trauerarbeit eine wichtige Rolle. Der Schmerz muss benannt und vor Gott gebracht werden, so dass innere Heilung geschehen kann. Hier

kann es zu Schuldzuweisungen oder einem Ausbruch von Hass (auf den Vater oder andere Personen) kommen, so dass ein Prozess des Vergebens folgen muss.

7. wird es wichtig sein, dass gesunde Beziehungen zu gleichgeschlechtlichen Menschen aufgebaut werden, durch die er ein stetiges Gesunden seiner eigenen Identität erfährt. Er wird sich mehr und mehr mit seinem eigenen Geschlecht zu identifizieren lernen, da er sich von seinesgleichen bestätigt fühlt. 8. muss das Erlernte, was in einzelnen Lebensbereichen angewandt worden ist, völlig in alle Bereiche des Lebens umgesetzt werden. Es müssen besondere Hilfen in den Lebensalltag mit eingebaut werden, um nach Abschluss der Beratung auch hier eine andauernde Veränderung beizubehalten.

Homosexuelle brauchen in der Regel Jahre, ehe sie völlig geheilt sind. Arbeitet man daher auch nach einer Therapie nicht konsequent weiter, können homosexuelle Gefühle neu verstärkt werden.

Michael Dieterich (BTS)

Michael Dieterich ist einer der wenigen christlichen Autoren im deutschsprachigen Raum, der Heilung bei Homosexuellen nicht garantiert, wenn er sie auch nicht bestreitet. Die homosexuelle Orientierung gibt es seiner Ansicht nach nicht, da es hier deutliche Unterschiede zwischen Homosexuellen gibt, was eine differenzierte Behandlung erfordert. Seinen Erfahrungen zufolge gibt es viele Homosexuelle, die ähnliche Beratungs- und Seelsorgeangebote wie die zuvor genannten, in Anspruch nahmen, dort aber keine Hilfe fanden, da frühkindliche oder ähnliche Verletzungen bei ihnen nicht ausgemacht werden konnten. Auch Gebet blieb ergebnislos. Dennoch sind ihm die positiven Zeugnisse auch nicht unbekannt. Dieterich verbindet empirische Erkenntnisse mit normativen Vorgaben aus der Bibel und verspricht sich hierdurch eine ausgewogene Betrachtungsweise, wobei die Bibel alleinigen Wahrheitsanspruch habe. Er weist darauf hin, dass Sexualität als ein viel komplexeres Gebiet betrachtet werden muss als es oft der Fall ist. Auch die Homosexualität ist auf eine multikausale Entstehung zurückzuführen, so dass man im Einzelnen nicht sagen könne, wie eine solche Veranlagung nun entstanden sei.

Doch dürfe man die Homosexualität nicht isoliert betrachten, sondern müsse die individuelle Persönlichkeitsstruktur und das biblische Menschenbild in seine Überlegungen mit einbeziehen. Weiter sollte man in der Seelsorge viel mehr am Verhalten ansetzen als an den Ursachen, da dies in den wenigsten Fällen hilfreich sei.

Kommt ein Ratsuchender in die Seelsorge sollte zu allererst die sexuelle Orientierung diagnostiziert werden. Hierdurch könne festgestellt werden, ob der Betreffende einzig und allein homosexuell veranlagt sei oder nicht. Dabei seien Dieterich zufolge erotische Träume sehr hilfreich, da hier die Person oft klarer zu erkennen geben, wie sie sexuell veranlagt sei. Weiter gebe dies Auskunft über bestimmte Persönlichkeitsstrukturen, die im Einzelnen erkennen lassen, in wie weit eine Veränderung möglich ist und wo ihr Grenzen gesetzt sind.

Auch die Frage der eigenen Religiosität sollte geklärt werden da sie eine christliche Therapie und Seelsorge entscheidend beeinflusst. Im Übrigen sollte ein ganzheitlich-seelsorgerlicher Ansatz in Betracht gezogen werden, da der Mensch neben seinem Körper auch einen Geist und eine Seele besitzt. Um sich in einen Prozess der Veränderung zu begeben, müssen alle drei Teilbereiche des Menschen angesprochen werden. Der psychische Bereich beinhaltet das Umdenken und Konditionieren, aber auch das Verlernen von falsch Erlerntem, der pneumatische Bereich meint vor allem die Begegnung mit Gott. Hierzu gehört auch das ganze Thema der Sündenvergebung und eventuell der Befreiungsdienst. Als drittes gehört die Leibliche Ebene dazu, in der praktische Hilfestellung im ganzen Bereich von Versuchung gegeben werden sollte. Dieterichs Ansicht nach könne nicht jede Form der homosexuellen Orientierung geheilt werden. Daher unterscheidet er hier zwischen vier Gruppen:

1. Menschen, die als eindeutig homosexuell eingestuft werden können und an Problemen arbeiten wollen wie Liebeskummer etc. jedoch nicht an ihrer homosexuellen Orientierung. Zu dieser Gruppe gehören auch Christen, die abstinent leben wollen.

Man sollte diesen Menschen in ihrer akuten Not begegnen, bevor man die Homosexualität als solches thematisiert, auch wenn das in christlichen Kreisen schwer fallen wird, da Homosexualität als das eigentliche Problem wahrgenommen wird. Doch ist diese Vorgehensweise Menschen gewinnend und legt die Basis für ein späteres klares Ansprechen. Bei dieser Gruppe sollte der Seelsorger vor allem zuhören. Die Tatsünde sollte nicht direkt angesprochen werden; vielmehr sollte auf den richtigen Augenblick gewartet werden. Doch kann dies nur in Liebe und Wertschätzung geschehen, da Gott den Menschen liebt. Im weiteren Verlauf sollte ein klares Verständnis über die Sexualforschung vermittelt werden. Das sollte zum Ziel haben, dass der Einzelne erkennt, dass man seine Sexualität nicht ausleben muss, da es weder zu einem „Triebstau" kommt noch zu anderen „Krankheiten" führt.

Dass ein Leben in Enthaltsamkeit dem ein oder anderem anfangs schier unmöglich erscheint, ist nachvollziehbar, doch weiß man aus neuer Forschung, dass dies mit der Zeit zunehmend „leichter" fällt. Dabei muss der Seelsorger, der mit dem Ratsuchenden spricht, sehr viel Verständnis und Einfühlvermögen mitbringen. Ermutigend kann hier die Tatsache sein, dass auch viele Heterosexuelle enthaltsam leben und dennoch glücklich sind. Wichtig für den Ratsuchenden und zugleich helfend sind der Glaube und das Gottvertrauen, durchtragende Beziehungen, Freundschaften und andere Wege zur Sinnerfüllung.

2. Homosexuelle, die sich eine Veränderung wünschen, bei denen die Chancen auf eine Änderung jedoch sehr gering sind.

Es handelt sich hierbei oft um Christen, die darunter leiden, dass ihre sexuelle Orientierung im Konflikt mit den biblischen Aussagen steht, da sie dort auch immer wieder in Sünde fallen. Sie haben in der Vergangenheit vieles versucht, um von ihrer Homosexualität los zu kommen, doch weder Gebet noch Bücher von „Ehemaligen" haben sich als hilfreich erwiesen. Ihr Wunsch ist es, heterosexuelle Gefühle zu entwickeln, doch bleibt ihnen dies verwehrt. Sie leben oftmals ihre Sexualität zwar nicht aus und leiden dennoch unter ihren Gefühlen und Gedanken, die sie permanent belasten.

Hier wird man feststellen, dass eine Veränderung oder Heilung ausbleibt, so dass der Seelsorger dem Homosexuellen mit diesem Schicksal viel mehr helfen muss, nach biblischem Zeugnis zu leben. Eine Heilung sollte hier nicht weiter angestrebt werden, da der Homosexuelle hierdurch in tiefe Glaubenskrisen stürzen könnte, auch wenn man im Gebet um Gottes Eingreifen bitten darf. Eine viel wichtigere Frage wird die Frage nach dem Warum sein, die nach „Antworten" der Theodizee verlangen wird.

3. Personen, die homosexuell leben möchten, obwohl sie durchaus heterosexuelle Partnerschaften haben könnten, da ihre sexuelle Orientierung schwankt.

Meistens führen partnerschaftliche Problematiken dazu, dass diese Personen die Beratung aufsuchen. Hier wäre zwar eine Veränderung der sexuellen Neigung realistisch, jedoch ist dies von ihnen in der Regel nicht gewünscht.

In diesen Fällen ist der Seelsorger herausgefordert den Ratsuchenden mit der Wahrheit zu konfrontieren. Der Homosexuelle sollte behutsam und dennoch klar an den Punkt geführt werden, an dem er erkennt, dass eine homosexuelle oder auch bisexuelle Lebensweise vor Gott als Sünde gilt, auch wenn unsere Gesellschaft diese Sexualformen toleriert und teilweise auch befürwortet. Ziel einer solchen Seelsorge ist es, zur Sündenerkenntnis zu führen und eine Strategie zu entwickeln die einen Richtungswechsel anstrebt. Weiter wird es wichtig sein, über wahre Jüngerschaft zu sprechen, die den Gehorsam gegenüber Gottes Wort voraussetzt.

4. Homosexuelle, die sich nach Änderung sehnen und sich zwischen ausschließlich homosexueller und ausschließlich heterosexueller Orientierung bewegen. Sie verspüren oft den Wunsch, eine Familie zu gründen.

Die Arbeit mit dieser Gruppe ist am erfolgversprechendsten, wenn es um eine Änderung der sexuellen Orientierung geht. Nach Dieterich könnte hier auch eine heterosexuelle Ehe in Betracht gezogen werden. Ziel der Seelsorge ist es hierbei, heterosexuelle Neigungen zu intensivieren, bis sie ein Vielfaches stärker als die Homosexuellen sind. Dabei hilft es, sich vom homosexuellen Freundeskreis zu distanzieren und andere Dinge, die hier einen negativen Einfluss üben, aufzugeben. Eine Aufarbeitung der Vergangenheit scheint bei diesen Personen nicht besonders hilfreich zu sein. Nützlicher erweist sich eine Paartherapie zu beginnen (wenn eine Partnerschaft vorliegt), in der sie praktische Hilfestellungen bekommen. Ihre Partner müssen im sexuellen Bereich sehr geduldig und verständnisvoll sein, da es hier nur sehr langsam zu einer befreiten Sexualität kommen wird, was wiederum verschiedene Gründe haben kann.

Weiter sollten ungesunde und übersteigerte Vorstellung ausgelebter Sexualität richtig gestellt werden, da viele Partner hier falschen Vorstellungen anhängen, die eine erfüllte Sexualität verhindern, da man diese nicht erreicht.

Bewertung und Stellungnahme

Die aufgeführten seelsorgerlichen und therapeutischen Konzepte haben allein wegen ihrer Bestätigung aus der Praxis ihrer Berechtigung. Denn all die genannten Ansätze werden untermauert durch zahlreiche Zeugnisse von Betroffenen. Zum einen zeigt dies, dass hier glaubwürdige und praxisnahe Modelle vorliegen, die deutlich machen, dass Homosexualität grundsätzlich nicht unabänderbar ist. Des Weiteren zeigen sie jedoch auch, dass es keine allgemeingültige Vorgehensweise in Seelsorge und Therapie gibt. Der Homosexuelle muss individuell betrachtet werden, da es nicht den Homosexuellen gibt. Es wäre vermessen zu glauben, dass jeder Homosexuelle einer neurotischen Störung unterläge oder Kindheitserfahrungen an seiner Orientierung schuld wären. Je nach Fall wird zu entscheiden sein, welche Therapieform angebracht ist und in wie weit man eine „Heilung" anstreben kann, ohne dem Ratsuchenden seelischen Schaden zuzufügen. Es ist davon auszugehen, dass nicht jeder Homosexuelle Veränderung erfahren kann, da manch eine Veranlagung zu tief sitzen wird. Heilung zu garantieren, wie es in manchen christlichen Kreisen gemacht wird, scheitert an der Realität und führt zu unrealistischen Erwartungen.

Hilfreicher wird es sein, sich im Zuge der Therapie über mögliche Fragen der Theodizee Gedanken zu machen, die dem Ratsuchenden, wenn eine „Heilung" ausbleibt, hilft, mit seinem Schicksal zu leben. Wichtig hierbei ist, dass dem Ratsuchenden klar gemacht wird, dass seine Neigung zum gleichen Geschlecht als solches nicht Sünde ist. Erst wo er sich seinen homosexuellen Gefühlen hingibt, ihnen Raum gewährt, sie schürt und bejaht oder gar auslebt, begibt er sich in ein sündhaftes Verhalten, das Gott zuwider ist.

Seelsorge – Chancen und Grenzen

Grundvoraussetzung für eine seelsorgerliche Begleitung ist neben den fachlichen Grundkenntnissen und der klaren biblischen Botschaft ein sensibler Umgang mit Betroffenen. Der Ratsuchende sollte zu allererst aufrichtige Wertschätzung, Anteilnahme und Verständnis erfahren. Es wird nicht ratsam sein, dem Homosexuellen gleich im ersten Treffen sein sündiges Verhalten vorzuhalten und ihm die Hände für ein Befreiungsgebet aufzulegen. Empfehlenswert ist es hier, zunächst einmal einen Raum des Vertrauens zu schaffen.

Hierdurch wird dem Ratsuchenden geholfen, sich zu öffnen. In der Seelsorge sollte deutlich werden, dass nicht der Seelsorger die erwünschte Hilfe geben kann, sondern diese vor allem von Gott erwartet und erbeten werden darf. Gott ist es, der Herzen verwandelt und durch sein übernatürliches Eingreifen tief im Innern eines Menschen wirkliche Veränderung bewirken kann. Der Seelsorger sollte bedacht darin sein, den Ratsuchenden nicht zu manipulieren oder zu einer Umkehr zu zwingen. Hier sollte vielmehr im Gebet darum gerungen werden, dass die betreffende Person zur Einsicht kommt und zu dem Willen, äußerst konkrete Schritte zu gehen. Die größte Priorität sollte es sein, in der

Seelsorge dem Einzelnen in seiner Gottesbeziehung zu helfen und ihn dabei zu unterstützen sein Leben auf Gott hin auszurichten. So werden sich daraus Konsequenzen ergeben, da sich die Beziehung zu Gott nicht mit einem homosexuellen Lebenswandel vereinbaren lässt. Hier wird man sich Hilfestellungen überlegen müssen, mit Versuchung und sexuellen Wünschen und Fantasien richtig umzugehen. Dabei wird sicherlich auch viel Zuspruch und Vergebung nötig sein, um den Betroffenen immer wieder neu aufzurichten, nachdem er in Sünde gefallen ist.

Darüber hinaus muss sich der Seelsorger seiner Grenzen bewusst sein. Nicht jeder wird dem Homosexuellen in seiner Not so begegnen können wie dieser es braucht. Da wir es mit kostbaren Menschen zu tun haben, obliegt es der Verantwortung des Seelsorgers, unter Umständen den Hilfesuchenden in eine Therapie zu vermitteln.

Die Verantwortung der neutestamentlichen Gemeinde

Die Gemeinde Jesu hat hier eine enorme Verantwortung gegenüber homosexuellen Menschen. Auch wenn diese Gruppe nur einen kleinen Prozentsatz in unserer Gesellschaft ausmacht, darf die Gemeinde hier nicht länger untätig sein. Der Auftrag dem Menschen zu begegnen, bedeutet auch, sich der Homosexuellen anzunehmen und sie nicht aus Angst oder Vorurteilen zu meiden. Die Gemeinde kann eine besondere Rolle bei der Therapie von Homosexuellen spielen, wenn sie bereit ist, ihnen mit Liebe, Annahme und Verständnis zu begegnen. Die biblische Aussage Einer trage des anderen Last (Galater 6,2) wird in diesem Zusammenhang besonders zu betonen sein, gerade dann, wenn sich eine „Heilung" nicht oder erst nach Jahren einstellt.

Die neutestamentliche Gemeinde muss ein Ort sein, an dem zerbrochene Menschen Frieden finden können, ein Ort, an dem sie Menschen antreffen, die bereit sind, mit ihnen und für sie zu kämpfen. Besonders für Homosexuelle, die in der Vergangenheit Ablehnung und Diskriminierung erfahren haben, kann die Gemeinde ein Ort der Heilung sein. Biblisch betrachtet ist homosexuelles Handeln Sünde, was es umso nötiger macht, dass sie verstehen und erleben, dass Gott Sünden vorbehaltlos vergibt. Das Evangelium gilt dem Sünder und somit auch jedem Homosexuellen. Durch das Evangelium hat der Mensch die Möglichkeit, neu zu beginnen, wenn das auch nicht heißt, dass hiermit alle Probleme aus der Welt geschaffen sind. Doch wird er durch die

Bekehrung erleben, wie seine tiefsten Sehnsüchte erfüllt werden, so dass diese Erfahrung sehr entlastend sein kann. Des Weiteren kann die Gemeinde durch ihr Verständnis und Ausleben von Partnerschaft und Ehe Zeugnis sein. Auch das Thema der Sexualität kann hier ins rechte Verhältnis gerückt werden, sodass der Homosexuelle ein gesundes Verständnis über Partnerschaft und Sexualität bekommt. Ebenso können die Singles in der Gemeinde ein lebendes Beispiel dafür sein, in Enthaltsamkeit und Keuschheit zu leben.

Homosexuell veranlagte Menschen, denen eine Veränderung verwehrt bleibt, so dass ihnen als Christen ein Leben in Verzicht und Keuschheit abverlangt wird, können dennoch Erfüllung finden, da Ehelosigkeit auch die Möglichkeit beinhaltet, ungeteilten Herzens für Gott zu leben (1,Kor 7,32f). In einer Gesellschaft, die so extrem übersexualisiert ist, hat die neutestamentliche Gemeinde die Verantwortung, ihre Stimme zu erheben und ihre Sicht von gesunder Sexualität, Partnerschaft und Ehe kund zu tun. In vielen Bereichen stand und steht die Gemeinde Jesu gesellschaftlichen Werten und Normen entgegen, da sie sich der Schrift verbunden weiß. Besonders heute ist es herausfordernd, eine klare Position und „absolute Wahrheiten" zu vertreten, da man schnell als gefährlich eingestuft wird und einem Diskriminierung angedichtet wird. Wo die Gemeinde jedoch anfängt, sich dem anzupassen, was die Gesellschaft diktiert, hört sie auf Licht und Salz zu sein.

Abschließende Worte

Homosexualität unterliegt in seiner Entstehung wahrscheinlich einem ganzen Ursachenbündel. Hier spielen neben den Erbanlagen die kindheitlichen Prägungen, die Persönlichkeit und andere Faktoren eine mehr oder weniger wichtige Rolle, so dass man im Einzelfall nicht urteilen kann, wie dieser oder jener nun homosexuell geworden ist. Dennoch betitelt die Bibel gelebte Homosexualität eindeutig als sündhaft und legt die Heterosexuelle als einzige mögliche Partnerschaft fest. Jedoch obliegt es der Gemeinde Jesu, dem Homosexuellen, der Hilfe sucht, die seelsorgerliche Hand zu reichen und ihm zu helfen. Aber selbst wenn Homosexuelle sich für ihre Homosexualität entscheiden, sollte man ihnen Wertschätzung entgegen bringen und den Kontakt mit ihnen nicht meiden. Der Mensch ist, auch wenn er Sünder ist, ein von Gott geliebtes Wesen, was sich auch in den zwischenmenschlichen Beziehungen zeigen sollte.

Literaturverzeichnis

Fachbücher

Bauer, Johannes B. (1992). „ἀρσενοκοίτης". In: Balz, Horst; Schneider, Gerhard. Exegetisches Wörterbuch zum Neuen Testament. Bd. I. Zweite verbesserte Auflage mit Literatur-Nachträgen. Stuttgart; Berlin; Köln: W. Kohlhammer Verlag.

Becker, Falck (1993): „Homosexualität". In: Evangelisches Lexikon für Theologie und Gemeinde. Bd. 2. Hg. von Burkhardt, Helmut; Swarat, Uwe. Wuppertal, Zürich: R. Brockhaus Verlag.

Bianchi, Hermanus (1963): Der homosexuelle Nächste. Symposionsband in der Reihe der Stundenbücher. Band 31. Hermanus, Bianchi; Adriaan, Leenderts u. a. Hamburg: Furche-Verlag.

Bockmühl, Klaus (1965): „Die Diskussion über Homosexualität in theologischer Sicht". In: Homosexualität in evangelischer Sicht. Sorg, Theo; Stoll, Gerhard; Sudermeier, Karl (Hg.). Wuppertal: Aussaat Verlag.

Brinkschröder, Michael (2007): „Jenseits von Klerikalismus und Neoliberalismus". In: Schürger, Wolfgang; Herz, Christian J.; Brinkschröder, Michael (Hg.). Schwule Theologie. Identität – Spiritualität – Kontext. Forum Systematik. Beiträge zur Dogmatik, Ethik, und ökumenischer Theologie. Band 23. Stuttgart: W. Kohlhammer Verlag.

Brunner, Emil (1951): Der Römerbrief. Bibelhilfe für die Gemeinde. Berlin: Evangelische Verlagsanstalt GmbH.

Buckley, Michael John (1964): Homosexualität und Moral. Ein aktuelles Problem für Erziehung und Seelsorge. E. Meistermann-Seeger (Hg.). Düsseldorf: Patmos-Verlag.

Dieterich, Michael (2004): „Diagnostik, Beratung und Seelsorge an Menschen mit homosexueller Orientierung". In: Beiträge zur Seelsorge 2, Homosexualität. Arbeitsmaterial zum geistlichen Dienst, Band 10. Dr. Rudolf, Fichtner; Günter Karcher u. a. (Hg.) Bundes- Unterrichts- Werk des BFP (BUW). Norderstedt: Books on Demand.

Dover, Kenneth J. (1983): Homosexualität in der griechischen Antike. München: C.H. Beck'sche Verlagshandlung (Oscar Beck).

Eibach, Ulrich (1995): Betrifft: Kirche und Homosexualität. Ulrich, Eibach; Klaus, Haacker; Heinzpeter, Hempelmann u. a. Wuppertal und Zürich: R. Brockhaus Verlag.

Eibach, Ulrich (1996): Liebe, Glück und Partnerschaft. Sexualität und Familie im Wertewandel. Wuppertal: R. Brockhaus Verlag.

EKD Texte 57 (1996): Mit Spannungen leben. Eine Orientierungshilfe des Rates der Evangelischen Kirche in Deutschland zum Thema „Homosexualität.

Gensichen, Hans-Christoph (1994): „Zwei Synodenbeschlüsse". In: Aust, Markus; Gensichen, Hans-Christoph; Hoffmann, Thomas Sören (Hg) (1994): Christlicher Glaube und Homosexualität. Neuhausen – Stuttgart: Hänssler Verlag.

Giesekus, Ulrich (1997): „Wie kann eine homosexuelle Orientierung entstehen?". In: Dieterich, Michael (Hg.). Seelsorge und Homosexualität. Band 2 der Hochschulschrift aus dem Institut für Psychologie und Seelsorge der ThH Friedensau bei Magdeburg. Wuppertal und Zürich: R. Brockhaus Verlag.

Hamer, Dean; Copeland, Peter (1998): Das unausweichliche Erbe. Wie unser Verhalten von unseren Genen bestimmte ist. 1. Auflage 1998. Bern, München, Wien: Scherz Verlag.

Hemminger, Hansjörg (1997): „Homosexualität, christliche Moral und Kirchenpolitik". In: Dieterich, Michael (Hg.). Seelsorge und Homosexualität. Band 2 der Hochschulschrift aus dem Institut für Psychologie und Seelsorge der ThH Friedensau bei Magdeburg. Wuppertal und Zürich: R. Brockhaus Verlag.

Hempelmann, Heinzpeter (2004): Liebt Gott Schwule und Lesben? Gesichtspunkte für die Diskussion über Bibel und Homosexualität. Bad Liebenzell: Verlag Liebenzeller Mission.

Hergemöller, Bernd-Ulrich (1999): Einführung in die Historiographie der Homosexualitäten. Historische Einführungen Bd. 5. Tübingen: Ed. diskord.

Hilliard, Russell; Gasser Walter (Hg.) (1998): Homosexualität verstehen. Sonderdruck aus den Dossiers 1 und 2. Schweiz: VGB-Dossier.

Hinck, Valeria (2003): Streitfall Liebe. Biblische Plädoyers wider die Ausgrenzung homosexueller Menschen. München: Claudius Verlag.

Hoffmann, Markus (2004): „Homosexualität – ein Konzept der Veränderung". In: BUW Beiträge zur Seelsorge 2, Homosexualität. Arbeitsmaterial zum geistlichen Dienst, Band 10. Dr. Rudolf, Fichtner; Günter Karcher u. a. (Hg.). Bundes- Unterrischts-Werk des BFP. Norderstedt: Books on Demand.

Kardinal Ratzinger, Joseph; Bovone, Alberto (Hg.) (1986): Verlautbarungen des Apostolischen Stuhls 72. Schreiben der Kongregation für die Glaubenslehre an die Bischöfe der katholischen Kirche über die Seelsorge für homosexuelle Personen. Bonn: Sekretariat der Deutschen Bischofskonferenz.

Klautke, Jürgen-Burkhard (2000): Homosexualität. Orientierung oder Desorientierung? Logos Aufklärung. Reihe Aufklärung der Arbeitsgemeinschaft für Religiöse Fragen. Bd. 48. Franzke, Reinhard; Gassmann, Lothar; Reimer, Johannes. (Hg.). Lage: Logos Verlag GmbH.

Klautke, Jürgen-Burkhard (1998): Gegen die Schöpfung. Homosexualität im Licht der Heiligen Schrift. Theologische Schriften. Mittermüller, Rohr: Evangelisch – Reformierte Medien.

Kotsch, Michael (2003): „Homosexualität und ihre Ursachen". In: Homosexualität – Irrweg oder Alternative? Idea – Dokumentation 10/2003. Jaeger, Hartmut; Pletsch, Joachim (Hg.). Dillenburg: Christliche Verlagsgesellschaft. Wetzlar: idea e.V. – Evangelische Nachrichtenagentur.

Kütemeyer, Wilhelm (1965): Medizinische Aspekte der Homosexualität. In: Homosexualität in evangelischer Sicht. Sorg, Theo; Stoll, Gerhard; Sudermeier, Karl (Hg.). Wuppertal: Aussaat Verlag.

Laun, Andreas (Hg.) (2001): Homosexualität aus katholischer Sicht. 2. Auflage Eichstätt: Franz – Sales – Verlag.

Mackowiak, Marek. (2007): „Subjektivität – Kollektivität – Normalität." In: Schürger, Wolfgang; Herz, Christian J.; Brinkschröder, Michael (Hg.). Schwule Theologie. Identität – Spiritualität – Kontext. Forum Systematik. Beiträge zur Dogmatik, Ethik, und ökumenischer Theologie. Band 23. Stuttgart: W. Kohlhammer Verlag.

McDowell, Josh; Hostetler, Bob (1998): Handwörterbuch Jugendseelsorge. Ein kompetenter Führer für Jugendmitarbeiter, Gemeindeälteste, Lehrer und Eltern. 1. Auflage. Bielefeld: CLV – Christliche Literatur-Verbreitung.

Müller, Wunibald (1987): Homosexualität – eine Herausforderung für Theologie und Seelsorge. 2. Auflage. Mainz: Matthias-Grünewald-Verlag.

Nicolosi, Joseph (1998): „Identität und Sexualität." In: Schrei nach Liebe. Brennpunkt Homosexualität. Berneck: Schwengeler-Verlag.

Nicolosi, Joseph (1995): Homosexualität muß kein Schicksal sein. Gesprächsprotokolle einer Alternativen Therapie. Neukirchen-Vluyn: Aussaat Verlag.

Schirrmacher, Thomas (1998): „Was sagt die Bibel zur Homosexualität?". In: Schrei nach Liebe. Brennpunkt Homosexualität. Berneck: Schwengeler Verlag.

Schottroff, W. (1971): „ידע" In: Jenni, Ernst/Westermann, Claus (Hg). Theologisches Handwörterbuch zum Alten Testament. Band I. München: Chr. Kaiser Verlag.

Schumann, Siegfried (2006): Repräsentative Umfrage. Praxisorientierte Einführung in empirische Methoden und statistische Analyseverfahren. 4. überarbeitete und erweiterte Auflage. München, Wien: R. Oldenbourg Verlag.

Schürger, Wolfgang; Herz, Christian J.; Brinkschröder, Michael (Hg.) (2007): Schwule Theologie. Identität – Spiritualität – Kontext. Forum Systematik. Beiträge zur Dogmatik, Ethik, und ökumenischer Theologie. Band 23. Stuttgart: W. Kohlhammer Verlag.

Schürger, Wolfgang. (2007): „Schwule Theologie als kontextuelle Theologie." In: Schürger, Wolfgang; Herz, Christian J.; Brinkschröder, Michael (Hg.) (2007): Schwule Theologie. Identität – Spiritualität – Kontext. Forum Systematik. Beiträge zur Dogmatik, Ethik, und ökumenischer Theologie. Band 23. Stuttgart: W. Kohlhammer Verlag.

Soldan, Wolfram: Homosexualität aus der Sicht christlicher Psychologie. Der Weg zu einer neuen Identität. IGNIS – Werkstattblätter Nr. 12. Kitzingen: IGNIS – Akademie für Christliche Psychologie.

Steinhäuser, Martin (1998): Homosexualität als Schöpfungsordnung. Ein Beitrag zur theologischen Urteilsbildung. Stuttgart: Quell Verlag.

Stott, John (1988): Christsein in den Brennpunkten unserer Zeit. ... im sexuellen Bereich. Band 4. Marburg an der Lahn. Verlag der Francke - Buchhandlung.

Theobald, Michael (2000): Der Römerbrief. Erträge der Forschung. Band 294. Darmstadt: Wissenschaftliche Buchgesellschaft.

Van den Aardweg, Gerard J. M. (1995): Das Drama des gewöhnlichen Homosexuellen. Analyse und Therapie. 3. Aufl. Neuhausen-Stuttgart: Hänssler Verlag.

Veeser, Wilfried (1997): „Homosexuelles Verhalten und biblische Normen". In: Dieterich, Michael (Hg.). Seelsorge und Homosexualität. Band 2 der Hochschulschrift aus dem Institut für Psychologie und Seelsorge der ThH Friedensau bei Magdeburg. Wuppertal und Zürich: R. Brockhaus Verlag.

Vetter, Harald (2006): Was ist Homosexualität? Eine kritische Analyse. 1. Auflage. Gelnhausen: TRIGA – Der Verlag.

Wahring-Burfeind, Renate. (Hg.) (2002): „Theologie" In: Kompaktwörterbuch der Deutschen Sprache. Gütersloh, München: Wissen Media Verlag.

Welch, Edward T. (2004): Ist das Gehirn Schuld? Krankheit und Verhalten – eine biblische Sicht. Friedberg: 3L Verlag.

Werner, Roland (Hg.) (1993): Homosexualität und Seelsorge. Mit Beiträgen von Gerard, van den Aardweg; Leanne, Payne; Elke, Werner; Roland, Werner. Moers: Brendow Verlag.

Werner, Roland (1993): „Homosexualität" In: Burkhardt, Helmut u. a. Theologisches Lexikon für Theologie und Gemeinde. Band 2. Wuppertal und Zürich: R. Brockhaus Verlag.

Werner, Roland (1995): „Homosexualität und die Vollmacht der christlichen Gemeinde". In: Eibach, Ulrich; Haacker, Klaus; Hempelmann, Heinzpeter u. a. Betrifft: Kirche und Gemeinde. Wuppertal und Zürich: R. Brockhaus Verlag.

Wiedemann, Hans-Georg (1991): Homosexuelle Liebe. Für eine Neuorientierung in der christlichen Ethik. 3. Auflage. Stuttgart: Kreuz Verlag.

Wiedemann, Hans-Georg (2005): Homosexuell. Das Buch für homosexuell Liebende, ihre Angehörigen und ihre Gegner. Stuttgart: Kreuz Verlag.

Wilder-Smith, Arthur E. (1988): AIDS – verschwiegene Fakten. Berneck: Schwengeler-Verlag.

Wolter, Michael (1992): „μαλακός". In: Balz, Horst; Schneider, Gerhard. Exegetisches Wörterbuch zum Neuen Testament. Bd. II. Zweite verbesserte Auflage mit Literatur-Nachträgen. Stuttgart; Berlin; Köln: W. Kohlhammer Verlag.

Zeegers, Machiel (1963): „Die Sicht eines Psychiaters". In: Der homosexuelle Nächste. Symposionsband in der Reihe der Stundenbücher. Band 31. Hermanus, Bianchi; Adriaan, Leenderts u. a. Hamburg: Furche-Verlag.

Digitale Medien

Der Brockhaus multimedial 2004.

SESB - Libronix Digitale Bibliothek - Stuttgarter Elektronische Studienbibel 3.0b (2003-2006).

Internet

Chronologie: „Der lange Weg zur Lebensgemeinschaft gleichgeschlechtlicher Paare."http://www.tageschau.de/aktuell/meldungen/0,1185.0/D930708.00.htm l. Stand 17.02.2002; 15:13 Uhr

Frage: „Wie stehen sie zu der katholischen Lehre über Homosexualität?" http://www.publik-forum.de/vote/default.asp?id=15. Stand 1.10.2007

Ingolf Ellßel. Prophetisches über Deutschland und Europa. Predigt. PEC 2003. http://www.onlinepredigt.de/suche.php?keywords=ingolf+ellssel&Suchen=%A0%A0%A0%A0%A0. Stand 12.10.2007.

Ökumenische Arbeitsgruppe Homosexuelle und Kirche (HUK) e.V. http://huk.org/allgem/3fragen.htm. Stand 15.09.2007

Perlak, Wolfgang. Schwule Theologie – Theologie der HUK. http://westh.deIHintergrund/hintergrund.html. Stand 2.10.2007

Bibeln

Die Bibel. Einheitsübersetzung; Bibel. Deutsche. Einheitsübersetzung. 1980; 2004. Katholische Bibelanstalt.

Die Bibel. Elberfelder Übersetzung, revidiere Fassung (1985/1991): 9. Auflage. Wuppertal: R. Brockhaus Verlag

Anhang

Umfrage und Ergebnisse im Überblick

Detaillierte Auflistung aller Antworten der befragten Probanden

Nummer	v1	v2	v3	v4	v5	v6	v7	v8	v9	v9n1	v10	v11	v12	Probanden	Datum
1	2	28	1	4	2	1	2	1	3	4	4	4	2	274140	07.08.2007 18:00
2	2	25	1	3	2	1	2	2	4	-	4	4	2	274144	07.08.2007 18:37
3	1	26	1	3	1	1	3	2	4	-	4	3	2	274148	07.08.2007 17:59
4	1	25	1	3	2	1	2	2	3	4	4	4	2	274156	07.08.2007 18:42
5	2	26	1	4	2	1	2	2	3	-	4	1	2	274158	07.08.2007 18:51
6	2	24	1	2	0	0	0	0	0	-	0	3	1	274159	07.08.2007 19:04
7	2	32	1	4	2	1	2	2	4	-	4	3	2	274162	07.08.2007 19:16
8	1	29	1	3	2	1	2	1	3	4	4	1	2	274170	07.08.2007 19:53
9	1	29	1	4	1	2	4	3	0	-	2	2	1	274171	07.08.2007 20:02
10	2	26	1	4	2	0	2	2	3	-	0	3	2	274173	07.08.2007 20:24
11	2	24	1	4	2	1	2	1	3	4	4	1	2	274199	07.08.2007 22:49
12	2	24	1	3	2	1	2	2	3	4	4	4	2	274200	07.08.2007 23:09
13	2	22	1	4	2	0	2	1	3	4	4	4	2	274201	07.08.2007 23:17
14	2	46	1	4	2	1	2	2	4	-	3	4	2	274202	07.08.2007 23:47
15	2	40	1	3	2	1	1	1	3	4	4	1	2	274203	07.08.2007 23:54
16	2	37	1	4	2	1	2	2	4	-	4	1	2	274229	08.08.2007 07:48
17	2	22	1	4	2	0	3	2	3	4	4	4	2	274235	08.08.2007 08:16
18	1	28	0	3	2	2	3	2	3	4	0	4	2	274237	08.08.2007 08:20
19	2	29	1	4	2	1	2	2	3	4	4	4	2	274261	08.08.2007 09:11
20	2	24	1	4	2	1	4	1	3	4	4	4	2	274291	08.08.2007 10:03
21	2	27	1	3	0	0	3	2	3	-	4	3	2	274320	08.08.2007 10:31
22	1	23	1	4	2	1	3	2	4	-	4	1	2	274390	08.08.2007 11:11
23	2	21	1	3	2	1	2	1	4	-	4	4	2	274444	08.08.2007 12:38
24	2	16	1	4	2	1	2	2	2	4	4	4	2	274459	08.08.2007 13:15
25	2	22	1	4	2	1	2	1	3	4	3	4	2	274466	08.08.2007 13:27
26	2	27	1	1	2	1	0	2	3	-	4	0	2	274471	08.08.2007 13:29
27	2	19	1	4	2	1	2	1	3	-	4	1	2	274478	08.08.2007 13:34
28	1	30	1	4	2	0	3	2	1	-	0	4	2	274480	08.08.2007 13:35
29	2	23	1	4	2	1	0	1	0	-	4	1	2	274489	08.08.2007 13:46
30	1	26	1	3	2	1	2	1	3	4	4	4	2	274490	08.08.2007 13:49
31	2	37	1	4	2	1	2	1	3	4	0	4	0	274491	08.08.2007 13:50
32	2	25	1	4	2	1	3	1	3	4	4	4	2	274493	08.08.2007 14:02
33	1	25	1	3	1	2	4	3	4	-	4	3	1	274497	08.08.2007 14:09
34	1	30	1	4	2	1	3	1	3	4	4	3	2	274498	08.08.2007 14:13
35	2	23	1	3	2	1	2	1	3	-	4	1	2	274501	08.08.2007 14:16
36	2	23	1	4	0	1	3	0	2	4	4	4	2	274504	08.08.2007 14:19
37	2	37												274505	08.08.2007 14:19
38	2	30	1	4	2	1	3	1	3	4	4	3	2	274507	08.08.2007 14:25
39	2	37	1	3	2	0	2	2	4	-	3	3	2	274509	08.08.2007 14:22
40	2	23	1	3	2	1	4	2	3	4	4	3	2	274510	08.08.2007 14:22
41	1	22	1	4	2	0	1	1	4	-	4	4	2	274516	08.08.2007 14:28
42	2	21	1	4	2	1	2	1	4	-	4	1	2	274520	08.08.2007 14:38

43	2	28	1	3	2	1	2	2	4	-	4	3	2	274523	08.08.2007 14:40
44	2	31	1	4										274527	08.08.2007 14:49
45	1	24	1	4	2	1	4	1	4	-	4	3	2	274528	08.08.2007 14:50
46	1	23	1	3	1	1	2	2	3	4	4	1	2	274530	08.08.2007 14:52
47	2	35	1	3	1	1	3	1	4	-	4	3	2	274535	08.08.2007 14:55
48	2	25	2	3	2	1	0	2	4	-	4	0	0	274538	08.08.2007 15:02
49	1	31	1	3	0	1	0	2	4	-	4	3	2	274541	08.08.2007 15:08
50	1	19	1	3	0	1	3	2	4	-	4	4	2	274544	08.08.2007 15:11
51	2	22	1	4	0	0	0							274548	08.08.2007 15:16
52	2	23	1	3	2	1	2	2	3	4	4	4	2	274552	08.08.2007 15:19
53	1	43	1	3	2	1	2	1	3	4	4	1	2	274553	08.08.2007 15:22
54	2	30	1	4	2	1	2	2	1	4	1	4	2	274557	08.08.2007 15:23
55	1	22	1	3	0	0	2	2	3	-	4	4	2	274559	08.08.2007 15:25
56	1	23	1	4	2	1	2	1	3	4	3	4	2	274564	08.08.2007 15:32
57	1	28	1	3	2	1	2	1	4	-	4	4	2	274570	08.08.2007 15:38
58	2	22	1	4	2	0	2	2	3	-	4	4	2	274575	08.08.2007 15:46
59	1	33	1	3	1	2								274579	08.08.2007 15:51
60	0		1											274582	08.08.2007 15:53
61	2	33	1	3	0	0								274592	08.08.2007 16:18
62	1	27	1	4	2	1	1	1	3	4	4	1	2	274604	08.08.2007 16:37
63	1	28	1	3		1	3	1	4	-	4	3	2	274609	08.08.2007 16:40
6564	2	25	1	3	0	0	3	0	1	4	0	3	1	274614	08.08.2007 16:44
66	2	27	1	4	0	2	3	1	3	4	4	4	2	274615	08.08.2007 16:44
67	1	28	1	4	2	1	2	2	1	3	4	4	2	274617	08.08.2007 16:48
68	2	27	1	3	2	1	2	2	3	4	4	4	2	274618	08.08.2007 16:48
69	1	20	1	4	2	0	2	2	3	4	4	4	2	274624	08.08.2007 17:02
70	2	39	1	4	2	0	2	1	3	4	4	1	2	274631	08.08.2007 17:17
71	1	60	1	4	2	1	2	2	3	4	4	4	2	274632	08.08.2007 17:17
72	2	26	1	4	1	2	3	2	0	-	0	3	1	274635	08.08.2007 17:21
73	2	30	1	4	2	1	4	2	2	4	3	3	2	274636	08.08.2007 17:25
74	2	24	1	4	2	1	2	2	0	-	3	4	2	274638	08.08.2007 17:29
75	1	24	1	4	2	1	0	2	2	4	4	1	2	274651	08.08.2007 18:08
76	1	49	1	3	2	1	2	1	3	4	4	4	2	274658	08.08.2007 18:21
77	2	28	1	4	0	2	4	0	2	-	4	3	2	274661	08.08.2007 18:24
78	2	48	1	4	2	1	2	2	3	4	4	4	2	274667	08.08.2007 18:29
79	2	16	1	4	2	0	2	2	4	-	4	1	2	274668	08.08.2007 18:30
80	1	29	1	4	1	1	3	2	3	-	0	3	2	274675	08.08.2007 18:40
81		68	1	4	2	1	2	1	2	-	3	1	2	274676	08.08.2007 18:46
82	1	21	1	3										274681	08.08.2007 18:48
83	2													274682	08.08.2007 18:50
84	1	17	1	4	0	0	2	2	4	-	4	3	2	274699	08.08.2007 19:17
85	2	39	1	3	2	1	0	1	0	-	0	1	2	274700	08.08.2007 19:23
86	2	56	1	3	2	1	2	2	3	4	4	1	2	274701	08.08.2007 19:33
87	1	21	1	3	2	0	2	2	3	4	4	4	2	274703	08.08.2007 19:33
88	2	32	0	1	1	2	4	3	1	-	1	2	1	274716	08.08.2007 19:39
89	2	35	1	3	2	1	2	2	4	-	4	4	2	274731	08.08.2007 19:57
90	2	29	1	3	2	1	2	2	3	4	4	1	2	274764	08.08.2007 20:22
91	2	20	1	3	2	1	3	2	3	-	4	4	2	274768	08.08.2007 20:24
92	2	21	1	4	2	1	3	1	3	4	4	3	2	274838	08.08.2007 21:06
93	2	24	1	4	2	1	0	2	4	-	4	4	2	274839	08.08.2007 21:07
94	2	22	1	4	2	1	2	1	3	4	4	3	2	274847	08.08.2007 21:12
95	2	21	1	4	2	1	2	2	3	4	4	4	2	274853	08.08.2007 21:16
96	1	38	1	2	1	2	4	3	1	-	2	2	1	274858	08.08.2007 21:23
97	2	38	1	4	2	1	0	1	2	4	3	1	2	274876	08.08.2007 21:34
98	2	27	1	3	2	0	2	3	4	-	0	4	2	274962	08.08.2007 22:52
99	2	16	1	4	1	2	4	3	4	-	2	3	1	275001	08.08.2007 23:25

100	2	30	1	3	0	0	4	4	1	4	1	3	1	275033	09.08.2007 00:33
101	1	26	1	4	2	1	3	2	0	-	4	4	2	275061	09.08.2007 02:38
102	2	23	1	4	2	1	3	2	3	4	4	1	2	275062	09.08.2007 02:42
103	2	24	1	4	2	1	2	2	3	4	4	4	2	275066	09.08.2007 03:05
104	2	31	1	4	1	1	3	2	4	-	3	4	2	275095	09.08.2007 07:03
105	2	17	1	4	0	1	0	1	3	4	4	4	2	275102	09.08.2007 07:36
106	2	36	1	4	2	1	4	2	4	-	4	3	2	275120	09.08.2007 08:08
107	1	59	1	4	1	2	4	2	1	4	0	1		275128	09.08.2007 08:21
108	1	49	1	4	2	2	3	2	4	-	3	3	2	275135	09.08.2007 08:32
109	2	48	1	4	2	1	3	2	2	-	3	4	2	275154	09.08.2007 09:03
110	1	26	1	4	2	1	2	1	3	4	4	4	2	275155	09.08.2007 09:04
111	1	27	0	4	1	2	4	3	1	-	2	2	1	275157	09.08.2007 09:06
112	2	25	1	4	2	1	3	1	2	4	4	3	2	275174	09.08.2007 09:26
113	1	28	1	4	0	1	3	1	3	4	4	4	2	275176	09.08.2007 10:07
114	1	28	1	4	0	0	3	2	2	4	4	4	2	275192	09.08.2007 09:55
115	1	27	1	3	2	1	2	1	3	-	0	4	2	275193	09.08.2007 09:54
116	1	18	1	4	1	2	4	3	1	4	1	2	1	275235	09.08.2007 10:31
117	1	22	1	4	2	1	3	1	4	-	4	4	2	275434	09.08.2007 11:51
118	2	55	1	4	2	1	0	2	4	-	4	4	2	275515	09.08.2007 12:42
119	1	30	2	1	1	2	4	3	4	-	2	3	1	275570	09.08.2007 13:33
120	2	54	1	4	2	1	2	1	3	4	4	4	2	275641	09.08.2007 14:29
121	2	25	1	4	2	1	2	2	3	4	4	4	2	275676	09.08.2007 14:38
122	1	16	0	4	0									275702	09.08.2007 14:53
123	1	22	1	4	2	2	3	0	4	-	4	3	2	275710	09.08.2007 15:00
124	1	40	1	4	0	1	2	1	4	-	4	4	2	275711	09.08.2007 15:00
125	2	28	1	4	2	1	1	2	3	4	4	4	2	275767	09.08.2007 15:41
126	2	41	1	4	2	1	2	1	3	4	4	4	2	275789	09.08.2007 15:56
127	1	28	1	4	2	1	2	2	3	-	4	4	3	275793	09.08.2007 16:00
128	1	21	1	3	1	2	4	3	0	-	2	2	1	275838	09.08.2007 16:30
129	2	45	1	4	2	1	0	1	4	-	4	4	2	275989	09.08.2007 18:18
130	2	18	1	4	2	1	1	1	3	4	4	1	2	276008	09.08.2007 18:33
131	1	22	1	3	2	1	3	1	3	4	4	4	2	276148	09.08.2007 20:44
132	1	41	1	3	1	2	4	0	4	-	4	3	1	276169	09.08.2007 21:03
133	1	23	1	4	1	2	4	3	1	-	2	2	1	276212	09.08.2007 21:58
134	2	26	1	3	0	2	0	2	4	-	4	0	2	276216	09.08.2007 22:02
135	1	25	1	4	0	2	4	2	2	3	0	3	2	276222	09.08.2007 22:04
136	2	40	1	3	0	1	3	2	4	-	4	4	2	276230	09.08.2007 22:19
137	1	27	1	3	0	0	0	1	3	4	4	3	2	276269	10.08.2007 00:23
138	2	22	1	4	2	1	3	2	4	-	1	4	2	276285	10.08.2007 02:42
139	2	33	1	4	2	1	3	4	3	-	4	0	2	276299	10.08.2007 05:59
140	2			4										276321	10.08.2007 08:06
141	1	29	1	3	2	0	0	0	3	4	0	0	2	276334	10.08.2007 08:37
142	2	37	1	4	2	0	0	1	4	-	4	0	2	276357	10.08.2007 10:49
143	2	38	1	4	2			1	3	4	4	4	2	276374	10.08.2007 09:45
144	1	24	1	3	0	0	2	2	3	-	0	3	2	276382	10.08.2007 09:53
145	1	41	1	4	2	1	2	2	4	-	0	4	2	276409	10.08.2007 10:22
146	1	19	1	4	2	1	3	1	3	4	4	4	2	276421	10.08.2007 10:34
147	2	26	1											276533	10.08.2007 12:26
148	2	27	1	4	2	1	3	1	3	4	4	4	2	276541	10.08.2007 12:50
149	2	19	1	3	1	2	4	3	0	-	4	0	1	276546	10.08.2007 13:02
150	1	30	1	3										276572	10.08.2007 13:35
151	1	25	1	3	2	1	0	1	0	-	4	4	2	276582	10.08.2007 13:41
152	1	25	1	4	2	0	3	1	3	4	4	0	2	276605	10.08.2007 14:10
153	1	27	1	4	2	2	3	2	2	4	4	4	2	276608	10.08.2007 14:13
154	2	26	1	3	2	1	2	1	3	4	4	4	2	276638	10.08.2007 14:48
155	2	18	1	4	2	1	1	1	3	4	3	4	2	276648	10.08.2007 15:03

156	1	23	1	4	2	0	4	2	3	4	4	4	2	276676	10.08.2007 15:38
157	2	16	1											276695	10.08.2007 16:20
158	1	24	1	4	2	1	1	1	3 |-	4	1	2	276701	10.08.2007 16:30
159	2	28	1	4	2	1								276715	10.08.2007 16:51
160	1	19	1	4	2	0	3	1	3	4	4	4	2	276738	10.08.2007 17:08
161	2	30	1	4	2	1	2	1	4 |-	4	3	2	276752	10.08.2007 17:29
162	2	55	1	4	2	2	3	2	3	4	4	3	2	276755	10.08.2007 17:34
163	1	20	1	3	2	1	2	2	3	4	4	4	2	276759	10.08.2007 17:42
164	2	22	1	4	2	1	4	1	3	4	3			276797	10.08.2007 18:54
165	1	25	1	4	1	2	4	3	1 |-	1	3	1	276852	10.08.2007 20:34
166	2	25	1	4	2			1	3	4	4		2	276941	11.08.2007 00:19
167	2	20	1	4	2	0	3	1	3	4	4	3	2	276944	11.08.2007 00:39
168	2	51	1	4	2	1	0	1	3	4	4	4	2	276986	11.08.2007 09:31
169	1	23	1	3	2	1	2	1	3	4	4	1	2	277004	11.08.2007 10:45
170	1	36	1	3	1	0	3	2	4 |-	0	3	2	277060	11.08.2007 13:47
171	2	47	1	3	2	1	3	2	4 |-	4	4	2	277085	11.08.2007 14:48
172	2	48	1	4	2	1	2	2	3 |-	4	3	2	277105	11.08.2007 15:13
173	2	55	1	3	2	1	2	2	4 |-	4	1	2	277121	11.08.2007 15:43
174	1	26	1	3	2	1	2	2	4 |-	4	4	2	277134	11.08.2007 16:06
175	1	30	1	3	1	2	4	3	0 |-	0	3	1	277155	11.08.2007 16:55
176	2	34	1	3	0	0	3	2	4 |-	4	3	0	277217	11.08.2007 19:21
177	2	25	1	4	2	1	2	1	3	4	4	4	2	277234	11.08.2007 19:56
178	1	30	1	4	2	1	3	2	2 |-	3	3	2	277250	11.08.2007 20:37
179	2	34	1	4	2	1	2	1	3	4	4	1	2	277381	12.08.2007 11:29
180	2	24	1	4	2	1	3	1	3	4	4	4	2	277384	12.08.2007 11:33
181	1	45	1	3	2	2	0	1	3	4	4	4	2	277432	12.08.2007 14:15
182	1	21	1	4	2	1	2	1	3	4	4	1	2	277442	12.08.2007 14:45
183	1	28	1	4	2	1	2	1	3	4	4	4	2	277578	12.08.2007 19:33
184	2	44	1	4	2	1	3	1	3	4	3	3	2	277630	12.08.2007 21:09
185	2	36	1	4	2	1	3	2	3	4	4	3	2	277653	12.08.2007 21:56
186	1	26	2	4	0	2	4	0	0 |-	2	0	1	277655	12.08.2007 22:00
187	2	30	1	3	1	1	3	2	3	4	4	3	2	277738	13.08.2007 09:50
188	1	27	1	3	2	0	4	1	3	4	4	4	2	277741	13.08.2007 09:53
189	2	26	1	4	0	2	2	2	4 |-	4	4	2	277772	13.08.2007 11:21
190	1	22	1	4	2	1	2	1	3	4	3	0	2	277798	13.08.2007 12:34
191	1	36	1	4										277915	13.08.2007 19:54
192	1	28	1	3	2	1	3	1	3	4	4	4	2	277961	13.08.2007 22:18
193	2	24	1	4	2	1	1	1	3	4	4	1	0	277995	14.08.2007 06:14
194	1	26	1	3	2	1	0	2	2	4	3	3	2	278045	14.08.2007 09:16
195	2	22	1	3	0	2	4	3	4 |-	4	4	2	278100	14.08.2007 11:49
196	2	26	1	4	2	1	2	2	3	4	4	4	2	278104	14.08.2007 12:03
197	1	27	1	3		3	2	3	4	3	4	2		278133	14.08.2007 13:42
198	1	30	1	4	0	1	4	1	4 |-	4	4	2	278160	14.08.2007 15:11
199	2	30	1	3	0	0	0	0	4 |-	4	3	0	278174	14.08.2007 16:06
200	1	42	1	4	2	1	2	2	3	4	4	4	2	278176	14.08.2007 16:07
201	2	27	1	3	2	1	3	2	3	4	4	4	2	278208	14.08.2007 18:07
202	2	35	1	4	1	2	4	4	0 |-	0	2	1	278223	14.08.2007 20:00
203	2	26	1	4	2	1	3	2	2	4	4	4	2	278242	14.08.2007 22:35
204	1	27	1	3	2	1	3	2	3	4	4	3	2	278311	15.08.2007 10:58
205	1	48	1	3	2	1	2	2	4 |-	4	4	2	278342	15.08.2007 15:24
206	2	28	1	4	2	1	2	1	3	4	4	0	2	278377	15.08.2007 18:14
207	2	27	1	3	2									278379	15.08.2007 18:28
208	1	22	1	4	2	2	4	1	2	3	4	4	2	278503	16.08.2007 10:14
209	1	27	1	3	1	2	4	3	0 |-	2	3	1	278737	16.08.2007 20:37
210	1	42	1	3	1	2	4	3	0 |-	2	2	1	278899	17.08.2007 13:15
211	1	23	1	4	2	1	2	1	3	4	4	1	2	278917	17.08.2007 14:38

212	2	18	1	4	2	1	2	2	4	-	4	3	2	278961	17.08.2007 23:48
213	1	35	1	4	2	1	3	1	3	4	4	4	2	278963	18.08.2007 00:53
214	1	31	1	4	0	0	0	0	4	-	4	4	0	278982	18.08.2007 12:05
215	2	27	1	3	2	1	2	1	3	4	3	1	2	279019	18.08.2007 19:45
216	1													279026	18.08.2007 23:15
217	2	42	1											279037	19.08.2007 07:44
218	2	41	1	3	2	1	2	1	3	4	4	4	2	280027	19.08.2007 19:35
219	1	18	1	4	2	1	0	2	3	4	4	4	2	280114	20.08.2007 09:42
220	1	66	1	4	2	1	0	2	3	4	4	1	2	280251	20.08.2007 18:26
221	2	44	1	4	2	1	2	1	4	-	0	4	2	280301	20.08.2007 19:30
222	2	45	1	4	2	1	2	0	3	-	4	4	2	280305	20.08.2007 20:28
223	2	68	1	4	2	1	1	1	4	-	4	1	2	280405	21.08.2007 11:22
224	2	28	1	4	2	1	2	2	2	4	4	4	2	280449	21.08.2007 14:54
225	2		1	4	2	1	2	2	0	-	4	4	2	280452	21.08.2007 15:34
226	1	42	1	3	2	2	3	1	3	4	4	4	2	280470	21.08.2007 18:40
227	2	20	1	4	0	1	3	0	1	-	1	0	2	280478	21.08.2007 19:21
228	1	16	2	4	1	2	4	4	0	-	2	2	0	280481	21.08.2007 19:30
229	1	25	1	4	0									281314	22.08.2007 15:57
230	1	17	1	4	2	1	3	2	3	4	4	4	2	281441	22.08.2007 22:12
231	1	55	1	2	2	1	2	2	4	-	4	4	2	281552	23.08.2007 09:29
232	2	32	1	3	2	1	2	2	3	4	4	4	2	288569	25.08.2007 18:25
233	2	16	1	4	2	1	2	1	4	-	4	1	2	288696	27.08.2007 10:45
234	2	39	1	4	2	1	3	2	3	4	4	4	2	288806	27.08.2007 17:24
235	1	18	1	4	2	1	3	1	3	4	4	1	2	288835	27.08.2007 21:56
236	1	40	1	3	2	1	2	1	3	4	4	0	2	289086	28.08.2007 21:28
237	1	49	1	4	2	0	0	1	3	4	4	0	2	289235	29.08.2007 13:51
238	1	17	1	3	2	1	3	2	4	-	4	4	2	289755	30.08.2007 21:05
239	1	18	1	3	2	2	3	2	4	-	4	3	2	289789	31.08.2007 00:00
240	2													292745	31.08.2007 20:00
241	2	27	1	4	2	0	4	2	3	4	4	4	2	296761	03.09.2007 13:43
242	2	31	1	3	2	1	2	1	4	-	4	4	2	296847	03.09.2007 17:01
243	2	24	1	4	2	1	2	1	3	4	4	1	2	297093	04.09.2007 15:57
244	2	18	1	4	2	1	2	1	3	4	4	4	2	297252	05.09.2007 00:32

Auswertung der Fragen in Diagrammform

Frage 1 – Geschlecht?

Total Probanden: 243 von 244 (100 %)
105 (43%) Frau
137 (56%) Mann
1 (0%) weiss nicht
1 (0%) missing values

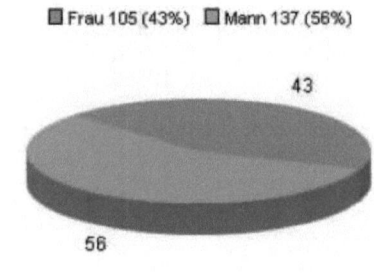

Frage 2 – Alter

Total Probanden: 238 von 244(98 %) 238 (98%)

16 (7) 3%
17 (4) 2%
18 (8) 3%
19 (5) 2%
20 (5) 2%
21 (8) 3%
22 (16) 7%
23 (13) 5%
24 (14) 6%
25 (15) 6%
26 (16) 7%
27 (19) 8%
28 (16) 7%
29 (7) 3%
30 (14) 6%
31 (5) 2%
32 (3) 1%
33 (3) 1%
34 (2) 1%
35 (4) 2%
36 (4) 2%
37 (5) 2%
38 (3) 1%
39 (3) 1%
40 (4) 2%
41 (4) 2%
42 (4) 2%
43 (1) 0%
44 (2) 1%
45 (3) 1%
46 (1) 0%
47 (1) 0%
48 (4) 2%
49 (3) 1%
51 (1) 0%
54 (1) 0%
55 (4) 2%
56 (1) 0%
59 (1) 0%
60 (1) 0%
66 (1) 0%
68 (2) 1%
0 (0%) weiss nicht

Frage 3 – Sind Sie Christ und gehören zu einer Kirche oder Freikirche?

Total Probanden: 239 von 244(98 %)
231 (95%) ja
4 (2%) nein
4 (2%) weiss nicht
5 (2%) missing values

Frage 4 – Sind Sie selbst Betroffener in Bezug auf Homosexualität?

Total Probanden: 236 von 244(97 %)
3 (1%) Ja - Ich bin selbst homosexuell orientiert und lebe es aus.
3 (1%) Ja - Ich bin betroffen, da ich selbst homosexuelle Gefühle habe, lebe diese jedoch nicht aus.
82 (34%) Ja - da ich homosexuelle Menschen in meinem Freundes- Familien- Bekanntenkreis habe.
148 (61%) Nein.
0 (0%) weiss nicht
8 (3%) missing values

Frage 5 – Wie stehen Ihrer Meinung nach Homosexualität und christlicher Glaube zueinander?

Total Probanden: 229 von 244(94 %)
28 (11%) Homosexualität und der christliche Glaube lassen sich durchaus miteinander vereinbaren.
169 (69%) Homosexualität ist Sünde und steht im Konflikt mit den biblischen Aussagen über Partnerschaft und Ehe. Daher sind Homosexualität und der christliche Glaube nicht miteinander zu vereinbaren
32 (13%) weiss nicht
15 (6%) missing values

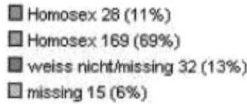

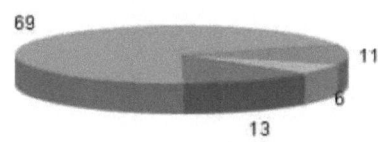

Frage 6 – Der Vatikan veröffentlichte ein Dokument, das Homosexuelle vom Priesteramt der Kirche ausschließt. In diesem Papier wird ausgeführt, dass gleichgeschlechtliche Liebe eine „Störung" sei und homosexuelle Akte eine „schwere Sünde". Teilen Sie die kirchliche Lehre über Homosexualität?

Total Probanden: 225 von 244(92 %)
152 (62%) Dem ist zuzustimmen.
37 (15%) Dem ist überhaupt nicht zuzustimmen
36 (15%) weiss nicht
19 (8%) missing values

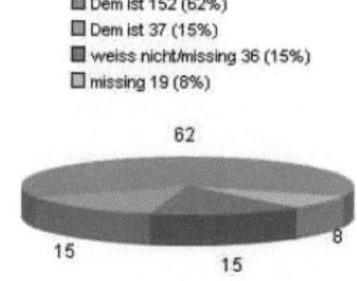

Frage 7 – Homosexuelle orientierte Menschen sollten...

Total Probanden: 223 von 244 (91 %)
9 (4%) aus der der Gemeinde ausgeschlossen werden.
91 (37%) aus der Gemeindearbeit ausgeschlossen werden, sofern sie es ausleben.
61 (25%) als vollwertige Gemeindeglieder angesehen werden, aber keine Leitungsposition innehaben.
35 (14%) als vollwertige Gemeindeglieder angesehen werden. Sie dürfen mitarbeiten, auch in Leitungspositionen
27 (11%) weiss nicht
21 (9%) missing values

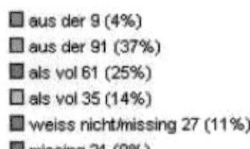

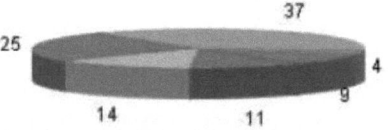

Frage 8 – Ist Ihrer Meinung nach Homosexualität Sünde?

Total Probanden: 223 von 244 (91 %) 90 (37%) Ja
100 (41%) Grundsätzlich ja, doch würde ich jene die homosexuelle Gefühle hegen aber nicht ausleben nicht als Sünder bezeichnen
17 (7%) Nein, den es handelt sich lediglich um Liebe zweier Menschen die schwerlich als Sünde bezeichnet werden kann
4 (2%) Homosexualität ist gesellschaftlich und von den Medien anerkannt und daher zu tolerieren.
12 (5%) weiss nicht
21 (9%) missing values

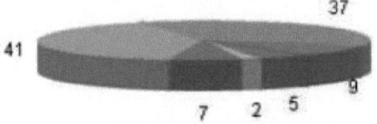

Frage 9 – Homosexualität ist...

Total Probanden: 223 von 244 (91 %) - Total Antworten: 324 - 2 Antworten möglich - % der Probanden / % der Antworten

13 (5%) (4%) ...angeboren und daher genetisch bedingt.
17 (7%) (5%) ...eine Krankheit.
119 (49%) (37%) ...Sünde für die sich der Einzelne vor Gott verantworten muss.
175 (72%) (54%) ...begründet in einer gestörten Identiät und findet seine Ursprung oft in der Kindheit des Betroffenen.
17 (7%) weiss nicht
21 (9%) missing values

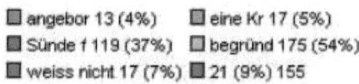

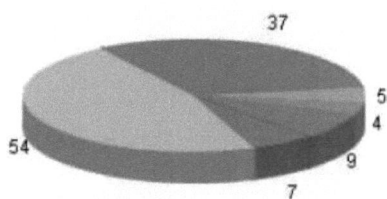

Frage 10 – Ist Homosexualität Ihrer Meinung nach „heilbar" bzw. „veränderbar" oder nicht?

Total Probanden: 223 von 244 (91 %)
7 (3%) Nein, da es genetisch bedingt ist
11 (5%) Nein, da es keiner Veränderung bedarf
19 (8%) Ja, da es sich um eine Krankheit handelt die behandelt werden kann.
166 (68%) Ja.
20 (8%) weiss nicht
21 (9%) missing values

Frage 11 – Kann ein Homosexueller seiner Sexualität ausleben und zugleich wiedergeborener Christ sein?

Total Probanden: 221 von 244(91 %)
37 (15%) Nein, denn er lebt bewusst in Sünde
10 (4%) Ja, da es keine Sünde ist
52 (21%) Ja, da wir alle Sünder sind
108 (44%) Nur wenn er sich seiner falschen Lebensweise bewusst ist und sich in einen Prozess der Veränderung begibt um aus der Homosexualität heraus zu finden
14 (6%) weiss nicht
23 (9%) missing values

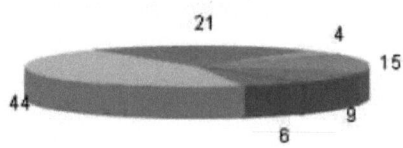

Frage 12 – Wie sollte man Homosexuellen Ihrer Meinung nach in unserer Gesellschaft und unseren Gemeinden begegnen?

Total Probanden: 221 von 244 (91 %)

22 (9%) Man sollte ihnen mit Liebe und Achtung begegnen und ihnen den Freiraum gewähren, den sie brauchen, um ihr Leben nach ihren Vorstellungen von Partnerschaft und Ehe zu leben.

191 (78%) Man sollte ihnen mit Liebe und Achtung begegnen, sie annehmen wie sie sind und sie dennoch auf ihre falsche Lebensführung ansprechen sowie ihnen helfen, einen Weg aus ihrer Homosexualität zu finden

1 (0%) Man sollte jeglichen Kontakt zu ihnen abbrechen, um ihnen hierdurch zu zeigen, dass ihre Lebensweise widernatürlich ist und konträr zum biblischen Befund steht.

7 (3%) weiss nicht

23 (9%) missing values

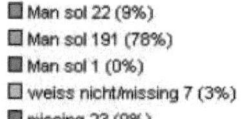

Einzelbände

Lisa Brand: Homosexualität in der Literatur katholischer Moraltheologen; ISBN: 978-3-656-03950-1

Markus Kreißl: Können Christen in einer Gleichgeschlechtlichen Lebenspartnerschaft leben?; ISBN: 978-3-640-38082-4

Jana Nitezki: Chancengleichheit? – Über den Umgang mit homosexuellen Beschäftigten in Einrichtungen der katholischen Kirche; ISBN: 978-3-656-01382-2

Sascha Schmuck: HOMOSEXUALITÄT als Herausforderung an die neutestamentliche Gemeinde; ISBN: 978-3-638-95112-8